Marion Sonnenmoser
Echt schön!

Marion Sonnenmoser

Echt schön!

Wie Sie mit Ihrem Körper Freundschaft schließen

Patmos Verlag

VERLAGSGRUPPE PATMOS

PATMOS
ESCHBACH
GRÜNEWALD
THORBECKE
SCHWABEN

Die Verlagsgruppe
mit Sinn für das Leben

MIX
Papier aus verantwortungsvollen Quellen
FSC® C006701

Für die Schwabenverlag AG ist Nachhaltigkeit ein wichtiger Maßstab ihres Handelns. Wir achten daher auf den Einsatz umweltschonender Ressourcen und Materialien. Dieses Buch wurde auf FSC®-zertifiziertem Papier gedruckt. FSC (Forest Stewardship Council®) ist eine nicht staatliche, gemeinnützige Organisation, die sich für eine ökologische und sozial verantwortliche Nutzung der Wälder unserer Erde einsetzt.

Bibliografische Information der Deutschen Nationalbibliothek
Die Deutsche Nationalbibliothek verzeichnet diese Publikation in der Deutschen Nationalbibliografie; detaillierte bibliografische Daten sind im Internet über http://dnb.d-nb.de abrufbar.

www.patmos.de

Umschlaggestaltung : Finken und Bumiller, Stuttgart
Umschlagabbildung: © katielee/photocase.com
Druck: CPI – Ebner & Spiegel, Ulm
Hergestellt in Deutschland
ISBN 978-3-8436-0118-4

Inhalt

Einführung

Pia mag ihre Nase nicht, denn sie ist groß und hat einen kleinen Höcker. Pia leidet schon lange unter ihrer Nase. In der Kindheit haben sie immer ihre Brüder damit aufgezogen. »Zwerg Nase« oder »Nashörnchen« wurde sie genannt, was sie sehr kränkte und was sie bis heute nicht vergessen hat. Auch jetzt als Erwachsene meint sie manchmal, mitleidige oder hämische Blicke von Freundinnen oder fremden Personen zu bemerken. Am liebsten würde sie sich die Nase aus dem Gesicht reißen, aber das geht natürlich nicht. Seit sie im Fernsehen einige Dokumentationen über Schönheitsoperationen an Nasen gesehen hat, spart sie auf eine chirurgische Nasenkorrektur. Einen anderen Ausweg sieht sie nicht.

Ralf versteckt seinen Körper gerne unter weiteren, schlabbrigen Pullovern und Hosen. Nach dem Sport geht er nicht gemeinsam mit seinen Vereinskameraden duschen, und im Schwimmbad lässt er sich schon seit Jahren nicht mehr blicken. Er befürchtet nämlich, von anderen jungen Männern ausgelacht zu werden, wenn sie sehen, dass er kaum Muskeln hat. Sie könnten ihn als mädchenhaft verspotten und aus ihrer Gemeinschaft ausschließen. Um das zu verhindern, treibt er sehr viel Sport und wartet sehnsüchtig darauf, dass die Muskeln endlich wachsen. Es wurde ja auch schon besser, aber es reicht ihm einfach nicht. Er weiß nicht, was er noch tun soll, um endlich richtig große Bizeps und einen Waschbrettbauch zu bekommen. Neulich hat er gelesen, dass man da mit bestimmten Medikamenten nachhelfen kann. Die sind zwar illegal, teuer, schwer zu beschaffen und können die Gesundheit gefährden, aber für tolle Muskeln ist ihm jedes Mittel recht.

Renate schaut schon seit einigen Jahren nicht mehr gerne in den Spiegel. Denn sie sieht nicht mehr sich, sondern nur noch Falten, Falten und nochmals Falten. Hinzu kommen Tränensäcke, rote Äderchen, Altersflecken und graue Haare, die ihr unmissverständlich zeigen, dass sie verblüht. Aber Renate will nicht alt werden und

schon gar nicht so aussehen, sondern immer so hübsch bleiben, wie sie immer war. Sie hat früher viele Komplimente bekommen wegen ihrer Schönheit und sogar eine kleine Miss-Wahl gewonnen. Da ihr gutes Aussehen so wichtig war und Vorteile gebracht hat, begann sie schon in jungen Jahren, etwas für den Erhalt ihrer Schönheit zu tun. Sie hat immer viel Wasser getrunken und Obst und Gemüse gegessen, die Sonne gemieden, nie geraucht und auch nicht zu viel Kosmetik aufgetragen. Trotzdem konnte sie das Altern ihrer Haut nicht aufhalten. Sie kann sich damit nicht abfinden und gibt daher ein Vermögen für Cremes und Tinkturen, Faltenunterspritzungen, Frischzellen- und Anti-Aging-Kuren, Peelings und Gesichtshautstraffungen aus. Das kostet eine Menge Geld und Zeit und bereitet auch oft Schmerzen, aber Renate hat immerhin das Gefühl, dass sie sich nicht kampflos geschlagen gibt.
Tom hat eine bleibende Erinnerung an die Pubertät zurückbehalten: Ein Gesicht voller Narben und Dellen infolge einer starken Akne. Er hat vieles versucht, damit es besser wird, aber bisher hat nichts wirklich geholfen. Er ist darüber sehr deprimiert und lässt sich kaum noch in der Öffentlichkeit blicken. Auch traut er sich nicht, Frauen anzusprechen, denn er weiß ja, was kommt: Sie werden ihn ansehen und dann stehen lassen, denn jemanden mit so einer Haut mag man nicht berühren oder küssen. Um sich diese Erfahrung zu ersparen, bleibt er allein, obwohl er sich nichts mehr wünscht, als zu heiraten und eine Familie zu gründen. Die Einsamkeit bricht ihm das Herz, vor allem nachts. Oft ist er kurz davor, seinem Leben ein Ende zu setzen.
Nach zwei Schwangerschaften fühlt sich Sibylle ausgelaugt und völlig aus der Form geraten. Die straffe Haut, die sie früher hatte, ist schlaff geworden. Da helfen auch Gymnastik und teure Cremes nicht wirklich. Dann musste sie sich auch noch einer Krebsbehandlung unterziehen, die glücklicherweise erfolgreich verlief, aber ihrem Aussehen, so meint Sibylle, den Rest gegeben hat. Eine Schönheitsoperation kann sie sich jedoch nicht leisten, und außerdem hat sie Angst davor. Ihre Gedanken kreisen mittlerweile nur noch um ihren – wie sie selbst sagt – ruinierten Körper und darum, wie unglücklich sie deshalb ist. Sie mag sich selbst nicht mehr und kann sich auch nicht vorstellen, dass andere sie noch mögen oder

attraktiv finden könnten. Daher hat sie sich von ihrem Mann zurückgezogen. Er ist traurig darüber und beteuert, dass er sie immer noch liebt, aber Sibylle kann ihm nicht glauben, so sehr verachtet und schämt sie sich. Sibylle hat Angst, dass sich ihr Mann vielleicht eine Geliebte sucht. Sie hätte dafür sogar Verständnis. Selbst einer Scheidung würde sie, ohne zu zögern, zustimmen, denn als Frau fühlt sie sich wertlos.
Marco und Svenja sind Zwillinge und haben starkes Übergewicht. Von ihren Eltern bekommen sie ständig zu hören, dass sie sich beherrschen und endlich Diät halten sollen – dabei haben die Eltern selbst etliche Pfunde zu viel. Die beiden haben schon oft die Erfahrung gemacht, dass sie von vornherein ausgeschlossen, gemieden und verachtet werden und dass ihnen unterstellt wird, sie seien faul und dumm. Sie bekommen von ihrer Umwelt einfach keine Chance, sich zu beweisen, weder als Freunde noch als Partner oder Kollegen. Nach vielen Anläufen haben Marco und Svenja schließlich resigniert. Sie fühlen sich ungerecht behandelt und wollen mit anderen Menschen nichts mehr zu tun haben. Sie gehen nur noch sehr selten aus dem Haus, haben sämtliche Kontakte zu Freunden und Bekannten abgebrochen und verbringen viel Zeit vor dem Computer und dem Fernseher. Manchmal glauben sie, dass es für sie keinen Platz auf dieser Welt gibt.

Diese Geschichten von Menschen wie du und ich kreisen um Kämpfen und Resignieren, Sichverstecken und Verzweifeltsein, Sichablehnen, Sichschämen, Sichärgern, Sich-ausgeliefert- und Sich-elend-Fühlen. Es geht um Hoffnungslosigkeit, Schuldgefühle und Scham, Wut und Selbsthass, Trauer und um die Angst, nicht in Ordnung zu sein, so wie man ist. Aus jeder Geschichte ist herauszulesen, dass Menschen ihr inneres Gleichgewicht verloren haben. Sie fühlen sich unwohl in einem Körper, den sie nicht mögen. Sie wollen etwas ändern oder glauben zumindest, etwas ändern zu müssen, nämlich ihr Äußeres. Ihr Weg, ihre Probleme zu lösen, ist die Umformung, Veränderung und Beeinflussung ihres Körpers. Sie denken nicht daran, dass sie mit diesem Weg die Probleme vielleicht nur kurzfristig oder nur teilweise lösen können, denn nur selten bleibt das Körpergewicht nach einer Diät konstant

niedrig und die Haut nach einer kosmetischen Behandlung dauerhaft feinporig und glatt.
Stattdessen müsste sich etwas anderes ändern, nämlich ihre Ideale und Vorstellungen von einem gelungenen Leben und vor allem die Art und Weise, wie sie sich und ihren Körper beurteilen und wie sie sich in ihrem Körper fühlen. Der persönliche Weg heraus aus negativen Gefühlen hin zu mehr Lebensfreude und zu einem zufriedeneren, ausgeglicheneren Dasein beginnt also weder mit einer Diät noch mit einer Schönheitsoperation, sondern im Kopf. Auf diesem Weg möchte ich Sie mit diesem Buch gerne begleiten.

1. Warum so viele Menschen mit ihrem Aussehen unzufrieden sind

1.1 Unzufriedenheit als Phänomen

Pia, Ralf, Renate, Tom, Sibylle, Marco und Svenja sind nur einige Beispiele von vielen Menschen, die etwas an ihrem Körper auszusetzen haben. Umfragen belegen, dass die Zahl derer, die mit ihrem Aussehen unzufrieden sind, ständig steigt, und zwar weltweit.[1]

Was sind die Ursachen dafür?

Jeder Mensch ist individuell und unterscheidet sich in wichtigen Merkmalen von anderen Menschen. Das ist in Ordnung und war schon immer so. Wie es scheint, hat gutes Aussehen heutzutage jedoch einen besonders hohen Stellenwert, weil sich das Aussehen in vielerlei Hinsicht beeinflussen lässt und weil wir in einer Kultur leben, in der Menschen häufig nach ihrem Aussehen beurteilt werden. Viele Menschen streben, wenn es um ihre Schönheit geht, nach Perfektion.

Als besonders schön gelten in unserer Kultur oft diejenigen, die in den Medien präsent sind und die mit ihrem Aussehen ihr Geld verdienen, also beispielsweise Schauspieler und Models. Sie werden für ihr Aussehen gut bezahlt und können sich ein luxuriöses Leben leisten, mit vielen Reisen, Partys, Schmuck und Champagner zu jeder Gelegenheit. All dies erscheint vielen Menschen als Erfüllung ihrer Träume.

Wenn aber Models alles haben, was man sich wünschen kann, dann müssten sie folglich die glücklichsten Menschen der Welt sein – was natürlich nicht der Fall ist. Denn auch Models empfinden sich nicht als perfekt, weder ihr Leben noch ihren Körper. Sie kennen ebenfalls »Makel« und »Problemzonen« und klagen beispielsweise über abstehende Ohren, breite Hüften, krumme Zehen oder Narben. Und auch in ihrem Leben läuft nicht alles glatt, trotz ihrer

Bekanntheit und des vielen Geldes. Unbeeindruckt davon lassen wir uns von ihrem Anblick blenden und wären gerne wie sie. Models sind allerdings nicht als individuelle Persönlichkeiten attraktiv, sondern auf ganz bestimmte Weise: Sie entsprechen nämlich in den meisten Punkten den gängigen Schönheitsidealen. Was es damit auf sich hat, wird im Folgenden erklärt.

1.2 Die Macht der Schönheitsideale

Ideale sind etwas Vollkommenes. Sie sind ein perfekter Zustand, der nicht mehr übertroffen werden kann. Allerdings ist dieser Zustand in vielen Bereichen so gut wie niemals erreichbar, daher handelt es sich bei Idealen per se nur um theoretische Annahmen. Das gilt auch für Schönheitsideale. Einen absolut perfekten Zustand erreichen und dauerhaft erhalten zu wollen, ist folglich eine aussichtslose Sache, die von vornherein zum Scheitern verurteilt ist.
Das Schönheitsideal der heutigen Zeit und unserer Gesellschaft ist der gesunde, vitale, gepflegte, jugendliche Mensch. Er hat eine glatte, makellose Haut, kräftiges, volles Haar, gerade, weiße, lückenlose Zähne, ebenmäßige, symmetrische Gesichtszüge und gerade gewachsene, lange Gliedmaßen. Für die beiden Geschlechter gilt darüber hinaus als schön beziehungsweise gutaussehend:

Weibliches Geschlecht:[2]

- Gesicht: kindlich-rundlich mit großen Augen, gerader Nase oder Stupsnase, kleinem (Schmoll-)Mund, hohen Wangenknochen, faltenfreier, leicht rosiger oder gebräunter Gesichtshaut sowie lange, weiche Haare

- Körper: kleine bis mittlere Körpergröße, sehr schlanke Figur, schmale Taille, mittelgroße Brust, eher schmale bis mittelbreite Hüfte (»Sanduhr-Figur«), lange, gerade Beine, keine Körperbehaarung

Männliches Geschlecht:

- Gesicht: hohe Stirn und Wangenknochen, markantes Kinn, gerade Nase, kurze, dichte Haare
- Körper: groß und schlank, ausgeprägte und deutlich sich unter der Haut abzeichnende Muskulatur, breite Schultern, schmale Hüfte (»V-Form«), gleichmäßige Proportionen, kaum Körperbehaarung

Ein wichtiger Bestandteil des heutigen Schönheitsideals ist Schlankheit. Nur wer schlank ist – am besten extrem schlank – hat Chancen, als schön und attraktiv angesehen zu werden.[3] Schlank zu sein war bis in die Nachkriegszeit im westlichen Kulturkreis normal, denn es gab weniger zu essen, und die Menschen bewegten sich mehr.

Beim heutigen Lebensstil, der von Nahrungsüberangebot und Bewegungsmangel geprägt ist, wird hingegen das Übergewichtigsein zum Normalfall, während es schwieriger wird, schlank zu sein oder zu bleiben. Wie sich Schlankheit allmählich zum Schönheitsmerkmal gemausert hat, lässt sich an den Titelbildern von Zeitschriften und Magazinen für Mode und Frauen nachvollziehen. Der Vergleich der weiblichen Models zeigt, dass diese in den vergangenen 50 Jahren von Jahr zu Jahr dünner wurden. Heutzutage haben die abgebildeten Models ein Gewicht, das weit unter dem durchschnittlichen Gewicht ihrer Altersklasse liegt. Eine »normal« schlanke, junge Frau hätte heute hingegen keine Chance mehr, ein Titelblatt eines Fashionmagazins zu zieren.[4]

Schönheitsideale gab es in allen menschlichen Kulturen und zu allen Zeiten. Im Barockzeitalter galten beispielsweise üppige Körper als schön, in den 1950er Jahren war bei Frauen eine extrem weibliche Figur mit ausladenden Brüsten und Hüften und einer schmalen Taille gefragt, und seit einigen Jahrzehnten werden ein niedriges Körpergewicht (bei Frauen) und Muskeln (bei Männern) als attraktiv empfunden. Manchmal sind auch offene Haare gefragt, dann wieder gezähmte, lockige oder glatte. Und so könnte man noch viele Beispiele anführen. Da fast alles schon irgendwann mal en vogue war, wiederholt sich auch so manche Mode und mit ihr die Ideale.

Die Schönheitsideale, die in einer Gesellschaft oder in einem Kulturkreis zu einer bestimmten Zeit gelten, werden von sehr vielen Menschen akzeptiert und übernommen; dennoch gibt es auch Menschen, die sich gegen den allgemeinen Trend stemmen und ganz eigene, individuelle Schönheitsideale besitzen. »Das« einzige und immerwährende Schönheitsideal gibt es daher nicht. Trotzdem folgen viele Menschen dem oben beschriebenen, momentan gültigen Schönheitsideal für Frauen und Männer vorbehaltlos, und zwar aus einem ganz bestimmten Grund: weil dieses Ideal ständig präsent und so stark verbreitet ist, dass es allein schon deshalb richtig und nachahmenswert erscheint. Als schön gilt darüber hinaus, was selten ist. Hier einige Beispiele:

- In weiten Teilen Asiens sind eine relativ geringe Körpergröße, schwarze Haare, kurze, leicht gekrümmte Beine und ein Teint von blassweiß über gelblich bis hin zu bräunlich verbreitet. Auch haben Asiaten mandelförmige Augen, und man sieht in der Regel das Augenlid nicht. Als schön gilt neuerdings unter Asiaten, blond und groß zu sein und lange, gerade Beine wie Europäer zu haben. In Asien sind diese Merkmale extrem selten, außerdem entsprechen sie dem westlichen Schönheitsideal, das zurzeit von vielen nichtwestlichen Kulturkreisen übernommen wird. Um sich diesem Ideal anzupassen, lassen sich viele Asiaten operieren und sogar in orthopädische Streckapparate einbinden und qualvolle Prozeduren wie beispielsweise häufiges Brechen der Beinknochen über sich ergehen. Auch die chirurgische Anpassung der Augenpartie (insbesondere der Augenlider) an ein westliches Aussehen sowie das Bleichen von Haut und Haaren sind fast schon Standard.[5]
- Typisch für Menschen afrikanischer Herkunft ist die starke Pigmentierung der Haut und der Haare. Auch sind die Haare häufig gekräuselt, und Nasen und Lippen sind relativ breit. Genau diese Merkmale wollen viele Schwarze heutzutage aber nicht mehr akzeptieren, weil sie ebenfalls dem westlichen Schönheitsideal nacheifern. Daher ist bei bekannten und in der Öffentlich-

keit stehenden Schwarzen (vor allem bei solchen, die im westlichen Kulturkreis leben) immer häufiger zu beobachten, dass sie ihr Haar glätten und/oder bleichen und chirurgische Verschmälerungen von Nasen und Lippen vornehmen lassen. Das Bleichen der Haut wird teilweise mit gefährlichen Chemikalien vorgenommen, die die Haut verätzen, die Gesundheit nachhaltig schädigen und sogar Krebs auslösen können.

- Auch innerhalb Europas wird gerne das zum Schönheitsideal erhoben, was zum Beispiel in einer Region nicht üblich und weitverbreitet ist. So sind beispielsweise auf Werbeplakaten in Südeuropa hauptsächlich blonde, blauäugige Models abgebildet, weil Südeuropäer in der Regel dunklere Haut und dunkle Augen und Haare haben. Umgekehrt sind die Models in Skandinavien häufig schwarzhaarig und -äugig, weil viele Menschen in den nördlichen Teilen der Welt eher hellhäutig und -haarig sind.

Als schön gilt zudem, was unseren Sinn fürs Ästhetische anspricht. Offenbar gibt es ein angeborenes Bedürfnis nach Harmonie und Ausgewogenheit, nach Ästhetik und Wohlgeformtem sowie nach Ordnung, Sinn und Struktur. Seinen Ausdruck findet dieser Sinn unter anderem in der Vorliebe für Symmetrien – zum Beispiel für ebenmäßige, symmetrische Gesichtszüge – oder in den Künsten wie Malerei und Musik, Dichtkunst und Tanz, Bildhauerei und Architektur, die in der Regel der Schönheit huldigen oder Schönes schaffen.

Dass wir bestimmte Merkmale als schön empfinden, könnte auch mit unseren Genen zu tun haben. Möglicherweise hat es sich über Jahrtausende hinweg bewährt, sich an das Schöne und Wohlgeformte zu halten. Es gibt Wissenschaftler, die der Überzeugung sind, dass wir überwiegend durch den Fortpflanzungstrieb gesteuert werden und dass wir daher nur an einem interessiert sind: uns mit einem gesunden, überlebenstüchtigen Partner zusammenzutun.[6] Wer sich also einen attraktiven Mann oder eine schöne Frau sucht, will möglicherweise (unbewusst) sichergehen, dass er sich mit dem aus genetischer Sicht »idealen« Partner verbindet, denn Schönheit und Ebenmaß suggerieren Gesundheit und Fortpflanzungsfähigkeit. Aber: Es gibt keine eindeutigen Beweise dafür, dass attraktive Menschen tatsächlich bessere Gene haben und infolgedessen gesünder und widerstandsfähiger sind, sich häufiger fortpflanzen und lebenstüchtigere Nachkommen haben als weniger attraktive.

Was schön ist, ist gut

Schönheitsideale werden auch deshalb angestrebt, weil Schönheit Vorteile im Leben verspricht. Im Folgenden einige Beispiele aus der Attraktivitätsforschung:[7]

- Niedliche, hübsche Kinder werden von ihren Eltern und Verwandten bevorzugt und eher gemocht, beschenkt, öfter fotografiert und adretter angezogen als weniger hübsche. Sie sind auch bei Spielkameraden beliebter. Zudem erhalten hübsche Kinder in der Schule bessere Noten und werden von den Lehrern stärker gefördert.
- Hübsche beziehungsweise gutaussehende Teenager sind beliebter bei Gleichaltrigen. Viele wollen mit ihnen befreundet sein, weil man mit ihnen an der Seite Aufmerksamkeit erregt.
- Schöne Menschen bekommen oft automatisch einen Sympathiebonus. Ihnen wird eher geholfen, und man bringt ihnen automatisch Vertrauen entgegen. Wenn sie etwas angestellt haben, wird ihnen eher verziehen, und sie werden weniger hart bestraft. Und im Berufsleben finden sie eher einen Job und werden häufiger befördert als weniger schöne.

Dass Schönheit im Leben »belohnt« wird, hängt damit zusammen, dass wir automatisch und oft unbewusst glauben, dass etwas äußerliches Schönes auch innerlich schön sein muss. Innerlich schön zu sein bedeutet gut zu sein. Wir schließen automatisch auf einen guten Charakter, auf viele Kompetenzen und Fähigkeiten, auf Intelligenz und ein sympathisches Wesen.[8] Natürlich wissen wir, dass dieser Zusammenhang nicht der Realität entsprechen muss, trotzdem beurteilen wir Menschen, die dem Schönheitsideal mehr entsprechen, auch hinsichtlich ihrer Charakterzüge positiver. Es scheint schlicht und ergreifend menschlich zu sein, vom Schönen auf das Gute zu schließen.

Von den Vorteilen, die mit Schönheit einhergehen, künden auch zahlreiche Märchen, Geschichten, Sagen und Legenden. Ganz deutlich wird dies zum Beispiel im Märchen *Schneewittchen*. Die Stiefmutter empfindet Schneewittchen als schärfste Konkurrentin und versucht sogar, sie zu töten. Aber dann wendet sich doch noch alles dank Schneewittchens Aussehen zum Besten: Der Jäger verschont sie, weil sie so schön ist, und der Prinz verliert sein Herz an ihre Schönheit. Im Märchen *Aschenputtel* kümmert sich zunächst niemand um das unscheinbare Mädchen Aschenputtel, dafür dürfen die herausgeputzten Stiefschwestern zum Ball an den königlichen Hof. Doch Aschenputtel wird am Ende für ihren Mut, ihren Charme und ihr gutes Herz mit einem strahlenden Aussehen und mit einem Prinzen belohnt.[9]
Der Gewinn an Schönheit ist in Märchen häufig eine Belohnung, wohingegen der Verlust der Schönheit als Strafe gilt – man denke zum Beispiel an die hübsche, aber faule Marie, die mit Pech überschüttet wird, oder an die vielen gutaussehenden Prinzen, die wegen Hochmut oder anderer Vergehen in Frösche oder Ungeheuer verwandelt werden. Nicht nur der Verlust, auch das Nichtschönsein gilt als unerwünscht und wird bestraft. Dies zeigen Geschichten vom unglücklichen und tragischen Leben der Hässlichen und Verunstalteten und vom Umgang mit ihnen – man denke nur an den Abscheu, den die Menschen vor dem Glöckner von Notre Dame oder vor King Kong empfanden, an den Widerwillen der schönen Belle, die mit dem Biest zusammenleben musste, oder an die Königstochter, die gezwungen wurde, einen Frosch zu küssen.
Das Hässliche steht im Märchen für das Böse und Schlechte. Ein unattraktives, abstoßendes Äußeres wird somit zum Indikator und Synonym für den schlechten Kern, das heißt für den verabscheuungswürdigen Charakter.
Eine reizvolle Variation des Themas ist der gute Kern, der jedoch mithilfe äußerer Hässlichkeit verborgen wird, um die Mitmenschen zu prüfen und um zu zeigen, dass das Äußere nicht zwangsläufig etwas über den Charakter und die Absichten einer Figur

verrät, wie etwa beim Biest, beim Glöckner von Notre Dame oder bei King Kong.

Dass Schönheit ein begehrtes Gut ist, für das oft ein hoher Preis gezahlt werden muss, zeigen Sagen und Legenden aus der Antike. So stritten sich die Göttinnen Hera, Athene und Aphrodite darum, wer die Schönste sei. Sie ließen den trojanischen Königssohn Paris entscheiden, der Aphrodite den Titel verlieh, weil sie ihm die schönste Frau der Welt (Helena) versprach. Er verliebte sich in die wunderschöne griechische Königstochter Helena, entführte sie und beschwor damit den trojanischen Krieg herauf, bei dem Aphrodite auf seiner Seite, Hera und Athene jedoch gegen ihn kämpften. Am Schluss musste Troja vor den Griechen kapitulieren.

Ein anderes Beispiel ist die Sage von Narziss, der sehr gut aussah und sich in sein eigenes Spiegelbild verliebte. Beim Versuch, sich damit zu vereinigen, ertrank er.

Schönheit bietet und bot also auch früher schon Anlass für heftige Gefühle, die einerseits zu Dramen, Streit und Kriegen, andererseits zu Verzückung, Sehnsucht, Liebe und Aufopferungsbereitschaft führen können. Dadurch wurde Schönheit zum Mythos.

Auch heute ist uns Schönheit nicht gleichgültig, im Gegenteil. Während sie aber in den Märchen, Sagen und Legenden immer auch mit einer Moral verbunden ist und zum Beispiel als Strafe oder Belohnung dient, scheint sie heute häufig reiner Selbstzweck zu sein. Denn viele Menschen widmen sich intensiv ihrem Aussehen und würden alles für absolute Schönheit tun. Sie bringen zahlreiche Opfer und machen das eigene Äußere zum zentralen Lebensinhalt. Dies entsteht jedoch nicht unbedingt aus ihnen selbst heraus, sondern wird oft erst von außen geweckt. Um die zahlreichen Kräfte, die dies bewirken, wird es im Folgenden gehen.

1.3 Wie Schönheitsideale gemacht werden

Schönheitsideale unterliegen vielen Einflüssen und werden sogar künstlich geschaffen. Die Modeindustrie zum Beispiel kreiert und verbreitet unablässig Schönheitsideale. Sie präsentiert überschlanke, jung-naive Frauen auf Laufstegen und erklärt sie zu Vorbildern in

Sachen Schönheit – selbst wenn diese wegen ihrer Magerkeit einen erschreckenden Anblick bieten. Dies bringt automatisch all diejenigen Frauen in Bedrängnis, die keine Modelmaße haben und daher auch nicht in kleine Kleidergrößen passen. Sie können sich damit abfinden – oder fangen an zu hungern.

Hungern und Mode

Hungern ist in der Modewelt weitverbreitet. Kaum ein Model kann, ohne zu hungern, auf Dauer die gewünschten Maße beibehalten. Für viele endet dies in Essstörungen, für manche sogar mit dem Tod. Obwohl mittlerweile nach mehreren Fällen, bei denen sich Models zu Tode gehungert haben, ein paar Initiativen entstanden sind, um stark untergewichtige Models vom Laufsteg fernzuhalten und ein Mindestgewicht vorzuschreiben, lebt die Modewelt nach wie vor von sehr schlanken, großen Frauen, die sich in der Regel nicht normal ernähren und ihren Körper ruinieren.[10] Diese Frauen verdrängen, dass nichts auf der Welt – auch nicht Prominenz und Geld – es wert sind, um dafür seine Gesundheit und seine Lebensqualität aufs Spiel zu setzen, und dass es nicht sie sind, um die es geht, sondern um das Produkt. Zudem sind sie zweifelhafte Vorbilder, denn sie tragen dazu bei, dass Millionen Mädchen und Frauen sich an ihnen orientieren und alles tun, um ebenso auszusehen.

Ein Interesse am Erschaffen und Verbreiten von Schönheitsidealen haben auch die Medien, wie zum Beispiel Boulevardblätter, Frauenzeitschriften, Magazine, Buchverlage, Internetportale oder Fernsehsender. Auch ihnen geht es natürlich ums Verkaufen, um Marktanteile und um Umsatzsteigerung. Die Buchindustrie verdient beispielsweise mit Diätratgebern jedes Jahr Millionen, obwohl sich längst herumgesprochen haben müsste, dass Diäten nutzlos sind und langfristig gesundheitliche und psychische Schäden hervorrufen. Schönheitstipps und Empfehlungen, wie man eine gute Figur behält oder erlangt, sind seit Jahrzehnten auch in Zeitschriften und Magazinen das Thema Nummer eins, vor allem im Frühjahr. Sie vermitteln, dass eine gute Figur und ein

attraktives Äußeres machbar sind, und zwar für jeden, sofern er nur will.
Insbesondere Mode- und Fitnessmagazine machen es zunehmend zur Norm, von Kopf bis Fuß makellos auszusehen, indem sie immer häufiger Ganzkörperfotos zeigen, die kein Verstecken von »Problemzonen« mehr erlauben. Optische Alternativen, bei denen beispielsweise etwas fülligere oder ältere Models dargestellt werden, sind hingegen verhältnismäßig selten.
Die Medien spielen zudem eine besondere Rolle bei der Verbreitung von Schönheitsidealen. Gäbe es keine Medien, wären die heutigen, westlichen Schönheitsideale nicht weltweit bekannt und würden nicht von so vielen Menschen verinnerlicht.
Medien kommunizieren »ihre« Ideale ständig in allen möglichen Formen und Formaten und sorgen dafür, dass wir uns der Bedeutung des Aussehens stets bewusst sind und dass es uns selbstverständlich erscheint, uns fast ununterbrochen damit zu befassen. Darüber hinaus überhöhen viele Medien die gängigen Schönheitsideale zusätzlich, indem sie kaum noch unverfälschte Aufnahmen, sondern ausschließlich retuschierte, idealisierte Bilder zeigen. Ermöglicht wird ihnen dies einerseits durch ausgereifte Schmink- und Camouflage-Techniken, andererseits durch moderne Technologien wie Digitalkameras, Computer und Bildbearbeitungsprogrammen. Das Resultat sind Fotos, auf denen nichts mehr von dem zu sehen ist, was selbst Models menschlich macht, wie beispielsweise Falten, Flecken, Augenringe oder Pickel.[11] Durch diese Vorgehensweise setzen die Medien die Standards noch höher, als sie ohnehin schon sind, und sorgen für Frustration bei den Betrachtern – mit einem Computerbild kann schließlich kein realer Mensch mithalten. Problematisch daran ist auch, dass sehr viele Menschen entweder nicht wissen oder nicht daran denken, dass die meisten Bilder gefälscht sind und ihnen eine irreale (Schönheits-) Welt vorgegaukelt wird.
Auch die Ernährungsindustrie ist daran beteiligt, Schönheitsideale zu schaffen und aufrechtzuerhalten. Es werden immer mehr Diät- und Lightprodukte entwickelt oder Nahrungsmittel angeboten, die mit bestimmten Stoffen angereichert sind, die Haare, Nägel

oder Haut schöner machen sollen. Der Markt für diese Produkte ist mittlerweile unüberschaubar.
Daneben widmen sich viele weitere Industriezweige, Institutionen und Berufsgruppen dem Thema »Schönheit«, angefangen von den Produzenten von Kosmetik und Pflegeprodukten über Schönheitschirurgen bis hin zu Fitnessstudios, Diätpillenherstellern und Trainingsgeräteproduzenten.
So viele äußere interessengeleitete Einflüsse bleiben natürlich nicht ohne Folgen für das Bild, das wir uns von uns und unserem Körper machen. Um dieses sogenannte »Körperbild« soll es nun im nächsten Kapitel gehen.

1.4 Das Körperbild

Beschreibung und Entwicklung des Körperbildes

Das Körperbild ist sehr individuell und setzt sich aus (mindestens) vier Eindrücken oder Bildern zusammen, die wir uns von unserem Körper machen:[12]

- Bild 1 bezieht sich auf unsere körperlichen Empfindungen und Erfahrungen. Aufgrund unserer sensorischen Wahrnehmungen können wir einschätzen, ob wir erholt und aktiv sind, ob wir Hunger oder Schmerzen haben und ob wir uns gesund fühlen oder krank sind. Aufgrund unserer Erfahrungen mit unserem Körper wissen wir zudem, wie weit wir unsere Gelenke biegen können, wie lange wir in der Sonne bleiben dürfen, ohne einen Sonnenbrand zu riskieren, und wann wir uns schnell erkälten. Obwohl wir viele Informationen über unseren Körper besitzen, gibt es auch zahlreiche Vorgänge, die außerhalb unseres Bewusstseins liegen. Beispielsweise spüren wir nicht, wie sich unser Immunsystem reguliert, und wir haben keine Kontrolle über Herzschlag, Verdauung oder Blutfluss.
- Bild 2 lässt die Geschichte unseres Körpers Revue passieren. Von den ersten Eindrücken als Säugling über angenehme und unangenehme Erfahrungen im weiteren Verlauf des Lebens bis hin zum jetzigen Zustand ist er ein Teil unseres Ichs. Er trägt die

Spuren unseres Lebens, zeigt uns unsere körperlichen Veränderungen und erinnert uns zum Beispiel an körperliche Genüsse oder Anstrengungen, an Verletzungen oder Operationen. Die Geschichte unseres Körpers ist geprägt von unserer genetischen Herkunft und davon, wie wir bisher mit ihm umgegangen sind.

- Bild 3 ist der objektive Blick auf unseren Körper, der uns durch unser Spiegelbild, durch Messungen oder durch ärztliche Untersuchungen zugänglich ist. Er umfasst zum Beispiel Körpergröße und -gewicht, Haut-, Augen- und Haarfarbe, Alter und Gesundheitszustand.
- Bild 4 ist der Blick durch die Augen anderer. Wir begegnen im Laufe des Lebens vielen Menschen, die etwas über unser Aussehen sagen. Beispielsweise loben oder bewundern, kritisieren oder hänseln sie uns. Wir erfahren in ganz unterschiedlichen Zusammenhängen, wie wir körperlich auf andere Menschen wirken und wie sie unser Aussehen beurteilen.

Unser Körperbild wird also einerseits von unseren eigenen Empfindungen, Eindrücken und Erfahrungen, andererseits von Meinungen und Sichtweisen unserer Mitmenschen bestimmt. Das Körperbild ist stets subjektiv und kann von herkömmlichen Bewertungen deutlich abweichen. Beispielsweise kann sich eine junge Frau, die alle gängigen Schönheitsmerkmale auf sich vereinigt, als hässlich empfinden. Sie besäße dann ein sehr negatives Körperbild. Umgekehrt kann sich ein junger Mann, der überhaupt nicht dem gängigen Schönheitsideal entspricht, umwerfend attraktiv finden. Er hätte dann ein sehr positives Körperbild. »Sein« und »Sichfühlen« hat im Zusammenhang mit dem Körperbild manchmal kaum etwas miteinander zu tun.
Das Körperbild entwickelt sich erst allmählich. Kinder im Kindergartenalter und auch im frühen Grundschulalter sind sich ihres Aussehens noch nicht direkt bewusst. Sie leben in und mit ihrem Körper, ohne sich Gedanken darüber zu machen. Zudem bewerten sie ihren Körper nicht als gutaussehend oder hässlich. Eine offene Ablehnung des eigenen Körpers oder eine intensive Beschäftigung mit dem eigenen Aussehen findet also in den ersten zehn Lebensjahren kaum statt. Kinder in diesem Alter beschäftigen sich nur

dann mit ihrem Aussehen, wenn sie gehänselt oder seitens der Familie durch Gespräche über das Aussehen oder durch intensive Körperpflege dazu erzogen werden.

In der Vorpubertät und Pubertät ändert sich dies. Der Körper steht plötzlich im Mittelpunkt der Aufmerksamkeit, zum einen weil er sich verändert, zum anderen weil eine Phase einsetzt, in der junge Menschen sich finden wollen. Sie fragen sich: »Wer bin ich?«, und suchen die Antwort in ihrem Verhalten, in ihrem Aussehen und in ihrer Wirkung auf andere. Infolge ihrer geistigen Entwicklungen werden sie sich jetzt ihrer vermeintlichen »Makel« schmerzlich bewusst und leiden darunter, weil sie kaum Einfluss auf Akne, Stimmbruch oder schlaksige Gliedmaßen haben. Hinzu kommen hormonell bedingte Stimmungsschwankungen, Unsicherheit und Minderwertigkeitsgefühle, die die Selbstakzeptanz ebenfalls erschweren und dazu beitragen, dass jede Kritik am Aussehen seelische Verletzungen und Selbstwertzweifel hervorrufen kann. Während aber die meisten Jungen hoffnungsvoll zusehen können, wie sie automatisch kräftiger und muskulöser werden und damit dem männlichen Schönheitsideal näher kommen, müssen die meisten Mädchen hinnehmen, dass sie rundlicher werden. Dies bereitet vor allem solchen Mädchen Kummer, die gerne ihre kindliche »Knabenfigur« behalten hätten.

Auch müssen junge Menschen in diesem Alter akzeptieren lernen, dass ihre Haare nachdunkeln oder sie als Erwachsene vielleicht nicht so lange Beine, gerade Gliedmaßen oder schmale Hüften haben werden, wie sie es sich vielleicht erträumt haben.

Im Erwachsenenalter stabilisiert sich das Körperbild und bleibt oft jahrelang ohne größere Veränderungen bestehen. Dies gilt sowohl für ein eher positives als auch für ein eher negatives Körperbild. Hat jemand ein eher positives Körperbild, so ist ein relativ entspannter Umgang mit Normen, Schönheitsidealen, Kommentaren, Ansprüchen oder Hänseleien möglich; der eigene Körper und das eigene Aussehen werden weitgehend akzeptiert und bereiten keine größeren Probleme. Hat sich das Körperbild hingegen eher negativ entwickelt, kann dies für viel Kummer und Schwierigkeiten im Leben sorgen.

Aber auch im Erwachsenenalter kann sich das Körperbild noch verändern, zum Beispiel wenn sich das Aussehen durch Unfälle, Krankheiten, Verletzungen oder Operationen massiv verändert. Dann sind die Betroffenen gezwungen, sich an ihr neues Aussehen zu gewöhnen und das Beste daraus zu machen. Allerdings fällt dies oft schwer und kann viele Jahre dauern, und manchem gelingt die Umgewöhnung nie vollständig. Trotzdem sollte auch eine solche Veränderung des Aussehens kein Grund sein, den Mut zu verlieren (s. Kap. 3).

Im höheren Erwachsenenalter werden die unvermeidbaren Anzeichen des Alterns relevant. Wie ein Mensch mit diesen Veränderungen umgeht, hat ebenfalls damit zu tun, ob er ein eher positives oder ein eher negatives Körperbild entwickelt hat. Vor allem jüngere Senioren neigen dazu, die ersten Anzeichen des Alterns zu ignorieren, oder sie investieren viel Energie, um ein jugendliches Aussehen zu erhalten oder wiederzuerlangen. Natürlich gelingt dies (wenn überhaupt) nur eine gewisse Zeit lang, denn der Alterungsprozess lässt sich ja grundsätzlich nicht aufhalten. Während die einen jedoch daran fast verzweifeln, gehen andere mit dem Alterungsprozess gelassen um. Sie lassen sich nicht von der allgegenwärtig geforderten Jugendlichkeit – übrigens auch ein Schönheitsideal – beeinflussen und nehmen es einfach hin, dass sich ihr Körper verändert. Dies muss nicht unbedingt ein Nachteil sein, denn manche Menschen sehen im mittleren und höheren Alter besser aus als in ihrer Jugend. Außerdem hat es seinen ganz besonderen Reiz, wenn ein Gesicht oder ein Körper von einem gelebten Leben erzählt.

Ganz Abschied genommen von der Vorstellung, dem weitverbreiteten Schönheitsideal zu entsprechen, haben die meisten Hochbetagten. Das Aussehen spielt für sie kaum noch eine Rolle, dafür werden andere Dinge wichtiger. Möglicherweise gelingt es im höheren Lebensalter daher besser, sich so zu akzeptieren, wie man nun mal ist. Vor allem im Jugend- und Erwachsenenalter befinden wir uns also in relativ sensiblen Phasen und sind empfänglich für alles, was unser Aussehen angeht. Ein Grund dafür ist, dass wir unser Aussehen und unseren Körper dazu einsetzen, um bestimmte Ziele zu erreichen. Zum Beispiel versuchen wir, einen Partner, einen Job

und unseren Platz in der Welt zu finden, Kinder zu bekommen und die Weichen für das weitere Leben zu stellen.
Die Entwicklung und Beibehaltung eines gesunden und positiven Körperbilds kann prinzipiell in jeder Altersphase angestrebt werden, weil somit das Risiko, psychische Probleme und eine Beeinträchtigung des Wohlbefindens zu erleiden, geringer wird. Ein positives Körperbild wappnet vor inneren und äußeren Angriffen, erhöht die Lebensqualität und trägt zum Gefühl bei, sich auf sich selbst und den eigenen Körper verlassen zu können. Darüber hinaus kann es über Krisen hinweghelfen, die beispielsweise durch Kränkungen, Probleme mit dem Selbstwertgefühl und durch äußerliche Verunstaltungen entstehen können.
Menschen, die mit sichtbaren angeborenen Auffälligkeiten wie beispielsweise einer Lippen-Kiefer-Gaumenspalte, fehlenden Gliedmaßen, auffälligen Hauterkrankungen oder Kleinwuchs leben müssen, haben es allerdings schwerer als andere, ein positives Körperbild zu entwickeln. Hier fällt vor allem dem Umfeld der Betreffenden die Aufgabe zu, ihr Selbstwertgefühl zu stützen und ihre Fähigkeiten und Ressourcen zu fördern. Gelingt dies, können auch Menschen, die rein äußerlich auffallen, von Kindesbeinen an ein positives Körperbild entwickeln.[13]
Auch wenn es über viele Jahre stabile Phasen gibt, ist die Entwicklung des Körperbilds im Grunde nie abgeschlossen. Dies beinhaltet die Chance, ein eher negatives Körperbild in ein positives Körperbild umzuwandeln, wie es ab Kapitel 3 beschrieben wird.

Einflüsse auf das Körperbild

Das Körperbild wird durch viele Einflüsse geprägt, beispielsweise durch die Haltung der Herkunftsfamilie, durch Kommentare von Gleichaltrigen, durch Erwachsene im näheren Umfeld, durch Persönlichkeitsmerkmale, durch Medien, Werbung, Literatur, Fernsehsendungen und Internet sowie vom Kulturkreis.

Familie, Eltern und Geschwister

Die Herkunftsfamilie hat großen Einfluss auf die Entwicklung des Körperbilds, denn Väter, Mütter, Geschwister und andere Verwandte sind Vorbilder für Kinder und werden von ihnen nachgeahmt. Darüber hinaus lenken sie von Anfang an die Einstellungen und Verhaltensweisen von Kindern – auch in Bezug auf Aussehen und Schönheit – in bestimmte Bahnen. Wenn beispielsweise die Eltern selbst großen Wert auf ihr Äußeres legen und viel Zeit und Aufwand in ihr Aussehen investieren, liegt es nahe, dass sie auch ihre Kinder dazu auffordern. Dies geschieht unter anderem dadurch, dass sie den Kindern vorleben, was sie alles für ein gutes Aussehen tun, zum Beispiel zahlreiche Kosmetikprodukte kaufen, Haare färben, Sport für die Figur treiben, Kalorien zählen und Ähnliches. Ein Einfluss wird auch dadurch ausgeübt, dass Kinder gelobt und anerkannt werden, wenn sie hübsch aussehen, oder dadurch, dass Eltern ihre Kinder intensiv pflegen, teuer kleiden, kalorienarm ernähren oder im Hinblick auf das Äußere zur Disziplin erziehen.[14] Kinder, die das erleben und so behandelt werden, erfahren auf vielfältige Weise, dass es nicht gleichgültig ist, wie man aussieht.

Eine frühe, ausgeprägte Beachtung des Äußeren kann zwar, muss aber nicht für die Entwicklung eines positiven Körperbilds ausschlaggebend sein. Sie führt dann zu einem positiven Körperbild, wenn Eltern das Äußere ihrer Kinder einerseits akzeptieren und loben und andererseits viele andere Eigenschaften und Verhaltensweisen der Kinder anerkennen und fördern. Werden Kinder hingegen wegen ihres Aussehens von den Eltern und anderen Familienmitgliedern häufig kritisiert oder sogar verspottet, kann sich dies negativ auf die Entwicklung des Körperbilds auswirken, und es wird den Kindern schwerfallen, ihr Aussehen zu akzeptieren. Schlechte Erfahrungen in dieser Hinsicht können über lange Zeit nachwirken. Viele Erwachsene erinnern sich zum Beispiel noch ganz genau an Situationen, in denen sie als Kinder beispielsweise wegen ihres Übergewichts gehänselt wurden; die Kränkung sitzt oft tief, sodass die Angst, auch im Erwachsenenalter übergewichtig zu sein oder zu werden, beherrschend werden und zu einem problematischen Essverhalten führen kann. Erstaunlicherweise ist es vielen Eltern gar nicht bewusst, dass sie ihre Kinder zu häufig und zu heftig wegen ihres Aussehens kritisieren, und sie merken auch nicht, wie sehr sie ihre Kinder damit verletzen. Dass die Probleme aber weniger bei den Kindern als vielmehr bei ihnen selbst und

ihren eigenen Schwierigkeiten mit dem Körperbild liegen, erkennen viele Eltern hingegen oft nicht.[15]
Eltern (vor allem Mütter) haben nachweislich den größten Einfluss auf die Entwicklung des Körperbilds im Kindesalter. Das mag daran liegen, dass sie in den ersten Jahren die meiste Zeit mit den Kindern verbringen, oder auch daran, dass Kinder von ihren Eltern abhängig sind und ständig unter ihrem Einfluss stehen.[16] Da Kinder von ihren Eltern geliebt werden wollen, ist es umso schlimmer für sie, wenn die Eltern ihr Aussehen oder Teile davon ablehnen. Eltern haben also eine große Verantwortung hinsichtlich des Körperbilds ihrer Kinder und sollten darauf achten, in dieser Hinsicht nichts Falsches oder Unüberlegtes zu tun.
Auch Geschwister können das Körperbild nachhaltig beeinflussen. So können zum Beispiel Schwestern sowohl einen positiven als auch einen destruktiven Einfluss ausüben. Er ist positiv, wenn sich Schwestern gegenseitig Kleidung und Schmuck ausleihen, sich Komplimente machen und sich darum bemühen, dass die andere gut gekleidet und frisiert ist. Er ist eher destruktiv, wenn sich Schwestern ständig miteinander vergleichen, um die bessere Figur konkurrieren, neidisch aufeinander sind und versuchen, die andere mit spitzen Bemerkungen zu treffen oder sie zu ständigen Diäten anzustacheln. Anders als viele Schwestern nehmen Brüder oft nur wenig Rücksicht auf die Gefühle ihrer Geschwister. Sie neigen eher dazu, ihre Geschwister zu ärgern oder sie mit ihren körperlichen Eigenheiten aufzuziehen. Sie bezeichnen beispielsweise ihre Schwester als »fett«, obwohl diese kein Übergewicht hat, oder hänseln einen Bruder wegen seiner roten Haare. Brüder können daher mehr als Schwestern die Entwicklung eines stabilen, positiven Körperbilds beeinträchtigen.[17]

Gleichaltrige

Bereits in der Grundschulzeit, aber hauptsächlich in den darauf folgenden Jahren wird der Einfluss der Gleichaltrigen (zum Beispiel Freunde, Bekannte, Klassen- und Vereinskameraden) auf das Körperbild von Kindern und Jugendlichen immer größer. Sie beeinflussen die Vorstellungen von einem guten Aussehen, indem sie zum Beispiel bestimmte Normen und Regeln vorgeben, die jeder

einhalten muss, der anerkannt oder Mitglied einer Gruppe sein will. Ihre Normen können sich auf bestimmte Kleidungsstücke, -farben oder -stile beziehen, auf Frisuren, Schminkstile, Körpermerkmale (zum Beispiel lange Beine, dunkle Haare) oder Körperveränderungen (zum Beispiel Tattoos, Piercings).
Gleichaltrige üben aber nicht nur Einfluss aus, indem sie Normen und Regeln vorgeben, sondern auch durch Kommunikation. So kann es vorkommen, dass Jugendliche, die den allgemeinen Idealen nicht nacheifern, unter hämischen Sprüchen, Spott und Gelächter ihrer Klassenkameraden zu leiden haben. Ein Extremfall, der leider immer häufiger vorkommt, ist, dass kompromittierende Fotos ins Internet gestellt oder an Freunde verschickt werden. Die Vorstellung der Betroffenen, auf diese Weise »vor der ganzen Welt« blamiert zu sein, wirkt sich besonders schädigend auf das Körperbild aus.[18]

Erwachsene

Bei vielen Erwachsenen hat das Körperbild eine klare Tendenz: entweder positiv oder negativ. Sowohl ein positives als auch ein negatives Körperbild kann sich noch verstärken oder aber sich in die jeweils entgegengesetzte Richtung entwickeln. Ein negatives Körperbild verschlechtert sich beispielsweise durch unangenehme Erlebnisse und Erfahrungen, aber auch durch bestimmte Personen – insbesondere durch andere Erwachsene wie etwa Eltern, Geschwister, Verwandte, Bekannte, Kollegen und Partner.

- Im Kreis von Verwandten und Bekannten wird Kritik am Aussehen in der Regel indirekt geäußert, indem vorgegeben wird, dass man ja man nur helfen oder einen guten Tipp geben wolle. Es kommt aber auch vor, dass ein »Makel« direkt, bei jeder Gelegenheit und über viele Jahre hinweg angesprochen wird.
- Im Kollegenkreis kann es passieren, dass hinter dem Rücken über das Aussehen oder bestimmte Merkmale einer Person hergezogen wird, dass Gerüchte verbreitet oder dass Anspielungen gemacht werden.
- Partner können im Erwachsenenalter einen fast ebenso großen Einfluss auf das Körperbild einer Person ausüben wie Eltern auf Kinder, weil sie als Bezugspersonen an deren Stelle treten. Ihre

Meinung zählt also, daher sollten sie sich ebenso wie Eltern genau überlegen, wie, weshalb und wie häufig sie das Aussehen ihres Partners kommentieren und kritisieren.

Eine Verbesserung des Körperbilds im Erwachsenenalter kann beispielsweise dadurch zustande kommen, dass eine schwere Krankheit überstanden, ein Kind zur Welt gebracht oder eine besondere sportliche Leistung gezeigt wird. Darüber hinaus können Erwachsene im näheren Umfeld zu einer Verbesserung beitragen. Dies ist beispielsweise der Fall, …

… wenn sich eine Frau eine Bemerkung über zu viele Pfunde oder Falten verkneift und stattdessen ihre Freundin darin unterstützt, Kleidung, Pflegeprodukte und Frisuren zu finden, die ihr stehen und ihre Vorzüge unterstreichen.

… wenn ein Mann seine Partnerin nach einer Schwangerschaft oder einem chirurgischen Eingriff, die den Körper verändert haben, nicht abweist und von ihr Gymnastik, Diäten und Schönheitsoperationen verlangt, sondern sie akzeptiert, wie sie ist, und ihr Selbstbewusstsein durch Komplimente, Zärtlichkeit und Geduld wieder aufrichtet.

… wenn ein Kollege sich nicht hinter dem Rücken eines anderen über dessen Hautunreinheiten lustig macht, sondern ihn zum Beispiel vor anderen in Schutz nimmt und darauf hinweist, dass jeder seine »Makel« hat.

… wenn eine Mutter oder ein Vater der eigenen Tochter nicht schon wieder die etwas schief stehenden Zähne vorhält, sondern wenn sie sich daran freuen, dass es der Tochter insgesamt gut geht.

… wenn ein Betreuer, Erzieher oder Lehrer keine offene, sondern höchstens sehr vorsichtige Kritik äußert oder sogar ganz auf das Kritisieren verzichtet und nur Positives über das Aussehen seiner Schutzbefohlenen zu sagen weiß.

Für positive Erfahrungen können wir aber auch selbst sorgen, indem wir versuchen, uns so zu kleiden, zu pflegen und zu verhalten, dass wir uns wohlfühlen. Darüber hinaus können wir etwas für ein positives Körpergefühl tun, indem wir uns möglichst viele angenehme, wohltuende und schöne Erlebnisse mit unserem Körper verschaffen – aber dazu später (s. Kap. 3.8 ff.).

Im Erwachsenenalter liegt es also bei den anderen, aber auch bei uns selbst, wie sich unser Körperbild weiterentwickelt. Allerdings ist der Einfluss der Mitmenschen nicht mehr ganz so groß wie im Kindes- und Jugendalter. Dafür wächst unser eigener Einfluss, und das ist gut so, denn daraus ergibt sich die Möglichkeit, unser Körperbild in eine günstige Richtung zu verändern.

Persönlichkeit und weitere Faktoren

Das Bild, das wir uns von unserem Körper machen, wird auch von unseren Persönlichkeitseigenschaften (man sagt auch: Charaktermerkmale) bestimmt, unter anderem von folgenden:

- **Perfektionismus:** Diese Eigenschaft ist, wenn sie sich auf das Aussehen bezieht, eher ungünstig für das Körperbild, weil sie mit hohen Ansprüchen einhergeht. Perfektionistisch veranlagte Menschen sind bestrebt, sich immer im besten Licht zu präsentieren, auch wenn es sie Stunden der Pflege und Vorbereitung kostet. Es fällt ihnen schwer, Makel, Schwächen oder Fehler zu zeigen. Perfektionisten leiden daher besonders, wenn sich ihr Körper durch Alterungsprozesse verändert, oder wenn sie aufgrund von Unfällen oder Krankheiten auffällige Veränderungen ihres Aussehens in Kauf nehmen müssen. Sie sind jedoch nicht nur zu sich selbst unerbittlich, sondern auch gegenüber anderen. Dies äußert sich mitunter in übertriebener Kritiksucht oder in der Ablehnung von Personen, die ihren Ansprüchen nicht genügen.[19]
- **Neurotizismus:** Diese Eigenschaft kann sich ebenfalls ungünstig auf das Körperbild auswirken. Neurotizismus zeigt sich durch Launenhaftigkeit und überwiegend negative Stimmung, Unsicherheit und Nervosität. Neurotizistische Personen fühlen sich schnell gestresst, kommen mit Belastungen schlecht klar, vertrauen nicht auf sich selbst, fühlen sich oft unwohl und klagen häufig über Schmerzen und Ängste. Ihr Verhältnis zu ihrem Körper ist zwiespältig, und sie tendieren dazu, ihrem Aussehen

die Schuld für Misserfolge zu geben. Sie sind sich der Wirkung ihres Äußeren nicht sicher, und das eigene Aussehen bereitet ihnen mehr Kummer als Freude.[20]

- **Neigung zum Grübeln:** Auch dies ist eine Eigenschaft, die sich negativ auf das Körperbild auswirken kann. Die Neigung zum Grübeln zeigt sich unter anderem in ständig sich wiederholenden Gedankenkreisen und häufigem Nachdenken über das eigene Aussehen, über die eigene Wirkung auf andere und über die Reaktionen der Umwelt. Die daraus entstehenden Hypothesen werden allerdings nicht an der Realität überprüft, sodass ungerechtfertigte Ängste und Sorgen hinsichtlich des Aussehens auftreten können.[21]
- **Konformismus:** Dieses Merkmal kann, muss aber nicht negative Auswirkungen auf das Körperbild haben. Charakteristisch dafür ist das Bedürfnis, sich an den Geschmack, die Meinung oder die Normen von anderen Menschen anzupassen, um von ihnen anerkannt zu werden. Konformistische Personen achten wenig darauf, was ihnen persönlich gefällt, sondern versuchen herauszufinden, was die Menschen, denen sie sich zugehörig fühlen, gefällt oder was Meinungsführer vorgeben. Zudem übernehmen sie bestimmte Schönheitsideale ohne Wenn und Aber. Die Gefahr, dass sich diese Personen selbst untreu werden, ist hoch.[22]
- **Ausgeprägtes ästhetisches Empfinden:** Darunter wird ein starker Hang zum Schönen und Vollkommenen verstanden, wobei Schönes als angenehm, Hässliches und Gewöhnliches hingegen als unangenehm empfunden werden. Ist diese Eigenschaft bei einer Person schwach ausgeprägt, so sind äußerliche Unzulänglichkeiten für sie kein Problem; ist sie hingegen stark ausgeprägt, dann stört sich der Betreffende an allem, was nicht dem Schönheitsideal entspricht. Die Ansprüche dieser Personen können sehr hoch sein, auch sich selbst gegenüber. Wenn es nicht gelingt, ihnen zu genügen, geraten diese Personen nicht selten in Verzweiflung.[23]
- **Zwanghafte Züge:** Auch dieses Merkmal ist einem gesunden Körperbild eher abträglich. Personen mit zwanghaften Charakterzügen neigen zu einer übertriebenen Beschäftigung mit ihrem

Aussehen. Sie haben das Gefühl, ständig ihr Aussehen kontrollieren und überprüfen zu müssen. Daher schauen sie mehrfach am Tag in den Spiegel, steigen auf die Waage, kontrollieren den Sitz der Kleidung und der Frisur oder erneuern ihr Make-up. Diese Prozeduren dauern oft sehr lange, sodass kaum noch Zeit für etwas anderes bleibt. Da die Betroffenen sich nicht unter Leute begeben, bevor nicht alles korrekt sitzt, leben sie oft sehr zurückgezogen und sind in Gesellschaft gehemmt, weil sie befürchten, dass etwas mit ihrem Aussehen nicht in Ordnung sein könnte.[24] Zu einer übertriebenen Beschäftigung mit dem Aussehen neigen darüber hinaus Personen mit narzisstischen Charakterzügen.

Neben den genannten Persönlichkeitseigenschaften spielen weitere Faktoren oder Angewohnheiten eine Rolle für das Körperbild, zum Beispiel folgende:

- **Neigung zum Vergleichen:** Sie kann sich destruktiv auf das Körperbild auswirken. Personen, die das Bedürfnis haben, sich fortwährend mit anderen zu vergleichen, wählen für ihre Vergleiche sowohl Personen aus ihrem direkten Umfeld als auch Prominente oder Kunstfiguren. Die Betroffenen vergleichen sich in der Regel eher mit Menschen, die aus ihrer Sicht attraktiver sind als sie selbst, was dazu führt, dass sie sich minderwertig und unattraktiv fühlen.[25]
- **Selbstwertgefühl:** Ist das Selbstwertgefühl einer Person überwiegend positiv und stabil, so weiß sie zwar, dass sie – wie alle anderen Menschen auch – ein paar Unzulänglichkeiten zum Beispiel im Hinblick auf ihr Aussehen hat, sie kann diese Schwächen aber tolerieren. Ist ihr Selbstwertgefühl hingegen negativ und schwach, entstehen schnell Selbstzweifel. Personen mit einem niedrigen Selbstwertgefühl trauen sich selbst wenig zu und übertragen diese negative Haltung auch auf ihr Aussehen. Sie empfinden sich beispielsweise als wenig attraktiv und glauben, dass dies die Ursache für viele ihrer Probleme sei.
- **Umgang mit sich selbst:** Menschen, die sich in Gedanken überwiegend loben und aufmuntern, blicken meist optimistisch

in die Zukunft. Außerdem fällt es ihnen relativ leicht, das eigene Aussehen zu akzeptieren, auch wenn es nicht den gängigen Schönheitsidealen entspricht. Überwiegt hingegen die Tendenz, sich zu kritisieren und abzuwerten, kann dies dazu führen, dass jemand sich selbst und das eigene Aussehen ausschließlich in einem schlechten Licht sieht.

Die genannten Faktoren und viele weitere können sich vor allem dann negativ auf das Körperbild auswirken, wenn sie nicht bewusst oder bekannt sind und nicht reflektiert werden. Sobald jedoch eine Auseinandersetzung mit ihnen stattfindet, besteht die Möglichkeit, ihren negativen Einfluss zu reduzieren und sie sogar zu einer persönlichen Stärke auszubauen (s. Kap. 3).

Massenmedien und Werbung

Massenmedien wie Zeitungen, Zeitschriften, Film, Fernsehen und Internet können einen ganz erheblichen Einfluss auf das Körperbild haben. Ein positiver Einfluss kann zum Beispiel darin bestehen, dass Menschen, die nicht wissen, wie sie sich vorteilhaft kleiden und frisieren können, Anregungen erhalten. Ein negativer Einfluss ist hingegen durch das Anschauen und Lesen von Medien zu befürchten, in denen es hauptsächlich und in einseitiger Weise um das Aussehen und um gängige Schönheitsideale geht. Dazu zählen beispielsweise Modejournale, Fitness- und Frauenmagazine, Pflege- und Kosmetikrubriken sowie Sendungen, Anzeigen, Fotos und Texte, die von extremen Gewichtsreduktionen, Muskelformungen und Schönheitsoperationen berichten.
Die Botschaft ist meist: »Schönheit garantiert Glück und Erfolg. Niemand ist jedoch von Natur aus perfekt und schön, daher muss man dafür etwas tun. Schönheit ist machbar, Schönheit ist käuflich.« Es wird suggeriert, dass es nur eine Frage der Bereitschaft und des Geldbeutels ist, um aus sich selbst das Optimale herauszuholen. Solche Botschaften erzeugen einen erheblichen Druck, den Körper zu verändern und ihn den gängigen Schönheitsidealen anzupassen. Dass es hierbei jedoch individuelle Grenzen für jeden Menschen gibt, wird meist verschwiegen. Darüber hinaus fördern solche Botschaften die (über-)kritische Betrachtung und negative

Bewertung des eigenen Aussehens. Durch einen häufigen Konsum dieser Medien wird die Selbstabwertung noch verstärkt.[26]
Auch Werbung kann das Körperbild maßgeblich beeinflussen. Ihr Einfluss ist in erster Linie negativ zu bewerten, weil Werbung so gut wie nie »normale« Menschen zeigt, sondern nur solche, die den gängigen Schönheitsidealen entsprechen oder ihnen angepasst wurden. Auch hierdurch werden die Betrachter dazu veranlasst, sich mit den Idealen zu vergleichen, und können das Gefühl bekommen, minderwertig und unvollkommen zu sein.[27]

Model und Zielgruppe

Models werden von ihren Auftraggebern teilweise danach ausgesucht, ob die Werbung hauptsächlich für Männer oder für Frauen gemacht wird. Zum Beispiel sind männliche Models, die für Männer-Produkte wie Rasiercremes oder Fitnesskleidung werben, muskulöser und durchtrainierter als Models, die beide Geschlechter oder nur Frauen ansprechen sollen, um den männlichen Wettbewerbsgeist zu wecken. Das gelingt am besten durch körperlich klar ersichtliche »Männlichkeit«. Männer erhalten dadurch die Botschaft: »Du musst schon sehr muskulös sein, um dich vorzeigen zu können. Nur mit einem ordentlichen Waschbrettbauch und stählernen Bizeps bist du ein richtiger Mann!« Die Botschaft ist unmissverständlich und veranlasst Männer, hart zu trainieren, um Muskeln aufzubauen.
Frauen, das haben Umfragen ergeben, finden Muskelprotze hingegen nicht besonders attraktiv; ihnen gefallen normal ausgeprägte Muskeln besser. Daher sind männliche Models in der typischen Werbung für Frauen auch femininer und weniger muskulös. Weibliche Models sind in der Werbung, die für Mädchen und Frauen gemacht wird, hingegen besonders schlank. Frauen erhalten also eine ähnliche Botschaft wie Männer: »Du musst schon sehr schlank sein, um dich vorzeigen zu können. Nur mit sehr dünnen Gliedmaßen und Untergewicht bist du eine schöne Frau!« Auch diese Botschaft ist unmissverständlich und veranlasst Frauen, abzunehmen oder ein niedriges Gewicht zu halten.[28]

Besonders durch Kosmetikwerbung können Menschen, die dafür anfällig sind, stark beeinflusst werden, zum Beispiel durch Werbung für Anti-Aging-Produkte. Dort wird suggeriert, dass die Folgen des Alterns, die das Aussehen betreffen, nicht hingenommen werden müssen, sondern dass etwas dagegen getan werden kann. In dieser Art von Werbung sind jugendliche oder reifere, aber nicht sichtbar gealterte Models zu sehen, und die Botschaft lautet: »Wer Falten und schlaffe Haut hat, sieht alt und verbraucht aus – schön ist allein die glatte, gepflegte und makellose Haut!« Bei den Betrachtern sollen Selbstzweifel und der Wille zur Änderung und Verbesserung des Aussehens geweckt werden, während gleichzeitig Cremes, Ampullen und viele andere Utensilien angeboten werden, die das Problem vermeintlich lösen. Dass alle diese Mittel letztlich den Alterungsprozess nicht aufhalten und Falten nicht dauerhaft reduzieren können, wird seit Jahren von verschiedenen unabhängigen Testinstituten belegt. Und doch gelingt es der Anti-Aging-Werbung immer wieder, die Konsumenten zu verunsichern, Ängste zu schüren und zum Kauf unnötiger Mittel zu motivieren. Dass auch das Alter seine Schönheit hat und dass es viel konstruktivere Wege gibt, um mit dem Älterwerden umzugehen, ist daher logischerweise keine Botschaft, die in der Werbung für Anti-Aging-Produkte verbreitet wird.

Ein weiterer Einfluss auf das Körperbild geht von Modedesignern und Kleidungsherstellern aus. Auch er ist meist nicht positiv. Denn Modedesigner schicken seit Jahren ausschließlich sehr dünne Models auf die Laufstege und vor die Kameras von Modefotografen und entwerfen ihre Kleidung für eine extrem schlanke Klientel. Die Kleidungshersteller greifen diese Vorgaben auf und produzieren schicke, modische Kleidung fast ausschließlich in eher kleinen Größen. Auch hierdurch wird deutlich, dass sich die Anpassung an gängige Schönheitsnormen offenbar auszahlt: Wer schlank ist, wird belohnt, nämlich mit einer großen Auswahl an schöner Kleidung. Menschen, die dieser Norm nicht entsprechen und zum Beispiel größer, kleiner oder korpulenter sind, werden hingegen durch unförmigere, weniger schöne Kleidung und eine geringere Auswahl »bestraft«.

Wer sich viel den Medien und der Werbung aussetzt, ohne die dort propagierten Trends zu hinterfragen, geht das Risiko ein, mit seinem Aussehen und seinem Körper unzufrieden zu werden.[29] Es ist jedoch möglich, sich dagegen zu schützen (s. Kap. 3.2).

Literatur, Fernsehen und Internet

Neben dem Konsum von Zeitungen, Zeitschriften und Werbung hat auch das Lesen von Büchern beziehungsweise der Konsum von Fernsehen und Internet einen nicht zu unterschätzenden Einfluss auf das Körperbild, insbesondere im Kindes- und Jugendalter. So sind Kinderbücher, -spiele und -filme im Hinblick auf die Entwicklung des Körperbildes teilweise kritisch zu betrachten. Denn die Mehrzahl der Figuren aus Märchen, Filmen und Comics – und auch die meisten Puppen, Spielfiguren, Kuscheltiere und ausgedachten Spielkameraden – entsprechen folgenden Schemata und Stereotypen:

- Die Guten / die Helden: Sie haben einen guten Charakter und sind in der Regel hübsch (siehe »Was schön ist, ist gut«, Kap. 1.2). Sie haben große Augen, sind meistens in hellen Farben gehalten (helle Augen, Haare, Haut und Kleidung), sind körperlich ohne Makel und stehen von Anfang an auf der Gewinnerseite.[30]
- Die Bösen / die Feinde: Wie den Guten, so sieht man auch den Bösen ihren Charakter sofort an (s. Kap. 1.2). Sie sind üblicherweise deformiert und hässlich, haben schmale Augen und Lippen, Warzen und zerzauste Haare und sind meistens in dunklen Farben gehalten. Es gibt jedoch auch den Typus des schönen Feindes, der seine körperliche und charakterliche Hässlichkeit geschickt hinter einer attraktiven Fassade zu verbergen weiß.
- Nebenfiguren: Jeder Gute und meist auch jeder Bösewicht hat zahlreiche Helfer. Sie sind in der Regel weniger attraktiv als die Helden. Bei ihnen finden sich dann schon eher kleinere »Makel« wie Sommersprossen, Zahnlücken oder Übergewicht. Da ihr Äußeres nicht perfekt ist, ist es auch ihr Inneres nicht. Nebenfiguren sind daher üblicherweise weniger mutig, fantasievoll

und kreativ als Helden, manchmal entpuppen sie sich sogar als Feiglinge und Verräter.

Kinder lernen im Spiel, wie Charakter und Äußeres vermeintlich zusammenhängen und wie Helden, Bösewichte und Mitspieler angeblich aussehen. Es besteht jedoch die Gefahr, dass sie diese Maßstäbe auch auf die reale Welt übertragen und zum Beispiel hübsche Kinder für intelligent und weniger hübsche entsprechend für weniger intelligent halten. Darüber hinaus identifizieren sie sich mit den Spielfiguren und wollen natürlich lieber der Einflussreiche, Mächtige, Starke und Heldenhafte sein. Sie prägen sich das Äußere der Figuren, die dies verkörpern, genau ein und möchten ebenfalls so aussehen. Kinder, die diese Attribute von Natur aus besitzen, sind hierbei im Vorteil. Ihnen fällt die Beanspruchung und Übernahme der Heldenrolle leichter, zudem werden sie aufgrund ihres »passenden« Aussehens auch oft von anderen Kindern zum Spielführer und zur Hauptfigur bestimmt. Kindern mit vermeintlichen »Makeln« bleiben dann meistens nur die undankbaren Nebenrollen übrig, wie zum Beispiel der kleine übergewichtige Junge, der den starken Helden bei Gefahr unterstützt, oder das Mädchen mit der dicken Brille und der Zahnspange, das selbst im Hintergrund bleibt und dafür sorgt, dass die hübsche Heldin richtig zur Geltung kommt.
Durch solche Rollenverteilung, die Aussehen und Charakter stets in eine starre Beziehung zueinander setzt, lernen Kinder, welchen Platz die anderen Kinder und vielleicht sogar die Gesellschaft ihnen zubilligen könnten (was oft automatisch und unbewusst geschieht). Sie können aber ebenso lernen (etwa mithilfe von Eltern, Erziehern oder Lehrern), diese scheinbar vorgegebene Ordnung zu verändern. Denn auch der weniger Attraktive oder der Unscheinbare kann ein Held sein, und auch der Attraktive kann eine Nebenfigur oder ein Bösewicht sein. Das richtige Leben ist viel facettenreicher und flexibler als so manches Märchen – und das gilt es, jedem Kind zu vermitteln.

Die Barbie

Ein besonderer Fall in der Spielfigurenwelt ist die Puppe Barbie, weil sie keine kindliche Figur, sondern eine Erwachsene darstellt. Obwohl sie bei ihrer Erschaffung nur eine Puppe unter vielen war, hat sie sich mittlerweile zum weiblichen Schönheitsideal unserer Zeit gemausert: Sie hat lange blonde Haare, große blaue Augen, ein symmetrisches, hübsches Gesicht, eine schmale Nase, hohe Wangenknochen und sinnliche Lippen. Sie besitzt eine relativ große Brust, eine sehr schmale Taille, schmale Hüften, einen langen Hals und überlange Beine und ist natürlich extrem schlank. In der Menschenwelt gibt es nichts Entsprechendes. Denn wenn es Frauen gäbe, die so aussähen, wären sie aus anatomischen Gründen nicht in der Lage, normal zu gehen oder zu stehen. Aber das stört kleine Mädchen offenbar nicht. Barbie ist und bleibt für sie die Schönste!

Allerdings ist das Spiel mit dieser Puppe nicht ohne Wirkung. Viele kleine Mädchen wünschen sich, genauso auszusehen, wenn sie einmal groß sind. Umso größer ist dann die Enttäuschung, wenn sich ab der Pubertät zeigt, dass sich viele Träume nicht bewahrheiten. Der ersehnte Schwanenhals bleibt kurz, die Beine sind eher stämmig als endlos, Hüfte und Taille fallen breiter aus als bei Barbie, und lange blonde Haare wollen auch nicht wachsen. Während es ein Teil der Mädchen schafft, diese Phase ohne Nachwirkungen zu überwinden, bleibt für einen anderen Teil die Barbie auch im Erwachsenenalter ein explizites oder unbewusstes, unerreichbares Vorbild, was die Beziehung zum eigenen Aussehen beeinträchtigen kann.[31]

Neben den herkömmlichen Figuren, die aus unserer realen Welt stammen, bevölkern immer mehr künstliche oder computeranimierte Figuren aus Filmen, Fernsehen, Video- und Computerspielen und Internet die Zimmer und Köpfe von Kindern und Jugendlichen. Bestimmte körperliche Eigenschaften und Körperproportionen werden bei diesen Gestalten oft noch stärker übertrieben als bei realitätsnäheren Figuren, zum Beispiel die Muskeln oder die Breite der Schultern.[32] Kinder sind jedoch noch nicht so gut in der Lage wie Erwachsene, zwischen Realität und Fiktion zu trennen, sodass sie das Aussehen der Figuren nicht hinterfragen, sondern als gegeben akzeptieren. Dies führt dazu, dass sie sich beim Spiel mit künstlichen Figuren noch stärker diejenigen Eigenschaften einprägen, die Helden oder Bösewichte angeblich aufweisen. Die Guten und die Helden haben zum Beispiel oft große Augen und eine gute Figur, wohingegen die Bösen vor Muskeln strotzen und schmale Augen haben.

Dies kann dann zum Problem werden, wenn die Fiktion wichtiger wird als die Realität. Betroffen sind hauptsächlich Jugendliche, die sich sehr viel mit Internet, Video- und Computerspielen beschäftigen, die sozial eher isoliert sind und die dazu neigen, ganz in den virtuellen Welten aufzugehen. Sie laufen Gefahr, völlig unrealistische Vorstellungen von Körpereigenschaften und -proportionen zu entwickeln und nur noch solche Partner begehrenswert zu finden, die den Kunstfiguren in Computer- oder Videospielen ähnlich sehen. Möglicherweise gefallen ihnen aber auch gar keine realen Personen mehr, weil sie die künstlichen Figuren zu sehr verinnerlicht haben.[33] In Japan geht die Leidenschaft für Kunstfiguren mittlerweile sogar so weit, dass junge Männer sich mit virtuellen Mädchen vermählen.

Die Orientierung an virtuellen Welten beeinflusst jedoch nicht nur die Partnerpräferenzen, sondern auch das eigene Körperbild. Junge Männer möchten beispielsweise mehr Muskeln haben, wenn sie sich häufig mit Video- oder Computerspielen beschäftigen, in denen die Helden betont männlich und muskulös sind. Ebenso versuchen junge Frauen, weiblichen Figuren aus Comics oder Computerspielen zu ähneln.[34]

Kulturkreis

Für das Körperbild ist der Kulturkreis ganz entscheidend. Sein Einfluss kann sich nämlich sowohl positiv als auch negativ auswirken.

- **Positiver Einfluss:** Studien haben gezeigt, dass es Kulturkreise gibt, in denen die meisten Menschen mit ihrem Körper und mit ihrem Aussehen zufrieden sind. Typisch für solche Menschen ist, dass sie in eher traditionellen Gemeinschaften leben, beispielsweise in Stämmen oder Volksgruppen. Sie leben oft in abgelegenen Gegenden, müssen für ihre Existenz hart arbeiten und sind kaum von den Werten, Normen und Idealen der westlichen Welt (zum Beispiel USA, Europa, Australien) beeinflusst. Solche Menschen finden sich unter anderem in Südamerika, in arabischen Ländern, in Indien und in Afrika. Ihr geringes Interesse daran, ihr Aussehen zu verändern, mag an ihren Traditionen und Werten, an mangelnden Möglichkeiten zur Veränderung, an ihrer Religion und Spiritualität oder daran liegen, dass sie bisher noch nicht oder nur wenig unter dem Einfluss des westlichen Lebensstils stehen, der meist Unzufriedenheit und das Bedürfnis nach Veränderung weckt.[35] Von Musliminnen weiß man zum Beispiel, dass sie nicht das westliche Schlankheitsideal anstreben, wenn sie stark in ihrer Religion verwurzelt sind.[36] Ähnliches gilt für Afrikanerinnen. Vor allem traditionell eingestellte Afrikanerinnen haben ein anderes Körperideal als weiße Frauen und können daher ein höheres Körpergewicht eher tolerieren, empfinden Übergewicht nicht als entstellend und geben sich bei einer Gewichtsreduktion auch schon mit kleinen Erfolgen zufrieden.[37]

- **Negativer Einfluss:** In den meisten Nationen und Kulturkreisen, die den westlichen Lebensstil anstreben, grassiert der »Unzufriedenheitsvirus« ebenso wie in allen westlichen Ländern. Je häufiger Menschen aus diesen Kulturkreisen westliche Medien konsumieren und je mehr sie westliche Werbung sehen, desto mehr wünschen sie sich, dem Schönheitsideal der westlichen Welt zu entsprechen. Dies ist aus verschiedenen genetischen und biologischen Gründen jedoch kaum möglich, sodass sich zur Unzufriedenheit mit dem Aussehen auch noch Hoffnungslosigkeit gesellt. Am stärksten betroffen sind zurzeit westlich orientierte Asiaten. Immer mehr Asiatinnen lassen sich zum Beispiel die Augenlider operativ verändern oder das Haar blondieren; immer mehr Asiaten wären gerne groß und sehr muskulös, was ihren natürlichen Körpermerkmalen jedoch meist nicht entspricht.[38]

Dass das Körperbild in vielen nichtwestlichen Kulturkreisen, die sich nicht an westlichen Schönheitsidealen orientieren, fast ausnahmslos positiver ist als in westlichen, kann damit erklärt werden, dass dort die Vorstellungen von der eigenen und der idealen Figur weitgehend übereinstimmen, während sie in westlichen Kulturen oft weit auseinander liegen.[39] Menschen in nichtwestlichen Kulturkreisen finden daher eher, dass sie so, wie sie aussehen, in Ordnung sind und auch nicht allzu viel tun müssen (zumindest nicht abnehmen oder Muskeln aufbauen), um nach dem Verständnis ihres Kulturkreises gut auszusehen, wohingegen westliche Menschen zwischen ihrem tatsächlichen Aussehen und dem gängigen Schönheitsideal eine riesengroße und fast unüberwindbare Diskrepanz sehen. Das bedeutet nicht, dass Menschen aus nichtwestlichen Kulturen schöner sind, sondern es kann bedeuten, dass für sie äußere Merkmale weniger wichtig und andere Dinge bedeutsamer sind. Vielleicht bewerten sie nicht nur den Körper eines Menschen, sondern auch seinen Geist und seine Seele; vielleicht betrachten sie den Körper nicht nur äußerlich, sondern auch in seinen vielfältigen Funktionen; vielleicht schätzen sie ihren Körper mehr und haben ein höheres Selbstwertgefühl. Zumindest fällt es ihnen leichter, sich mit ihrem angeborenen Aussehen zu arrangieren.

Keine Aussicht auf Erfolg

Das Körperbild ist vielen unterschiedlichen Kräften und Einflüssen ausgesetzt, die sich sowohl positiv als auch negativ auswirken können. Sie zu kennen und so darauf zu reagieren, dass sie dem Körperbild nicht schaden, ist daher eine Kunst, die erst erlernt werden muss. Medien, Werbung und Modeindustrie zeigen uns jedoch nur die eine Seite der Medaille. Sie machen uns glauben, dass wir schön sein müssen, um unseren Körper zu akzeptieren – und zwar in ihrem Sinne schön! Und sie suggerieren, dass ideale, genormte Schönheit für jeden erreichbar sei. Tatsache aber ist: Man muss viel investieren und sich abmühen, man muss verzichten und vieles entbehren, vielleicht muss man sogar sich selbst untreu werden und hohe Risiken in Kauf nehmen, um dem Ideal auch nur ein kleines Stück nahe zu kommen.

Nach außen wirken Menschen, die viele Entbehrungen für ihr Aussehen in Kauf nehmen, wie Kämpfernaturen, die eine Herausforderung annehmen, alles geben und am Ende als Gewinner dastehen. Natürlich bewundern wir sie dafür, lesen ihre Bücher, in denen sie von ihrer »Verwandlung« durch Diäten und Schönheitsoperationen berichten, bestaunen sie in Talkrunden und Vorher-Nachher-Shows und nehmen sie uns zum Vorbild. In Wirklichkeit – und das wird gerne verschwiegen – ist das Leben dieser modernen »Helden im Namen der Schönheit« ziemlich qualvoll und entbehrungsreich. Es geht mit viel Frustration, hohen Kosten, Schmerzen, Komplikationen, Risiken, Verzicht und einer Menge schlechter Laune einher. Und versöhnt mit ihrem Körper sind sie nach diesen ganzen Prozeduren meistens auch nicht, zumindest nicht lange.[40]
Übersehen wird auch, dass echte »Gewinne« oder »Siege« unterm Strich nicht oder nur sehr kurzfristig zu erringen sind. Denn dem Schönheitsideal entspricht niemand, auch wenn er sich noch so Mühe gibt – sonst wäre es ja kein Ideal (s. Kap. 1.2). Die Schönheitsversprechen sind daher eine Falle, und wer hineintappt, kämpft einen aussichtslosen Kampf, ohne jemals Erfolg zu haben. Leider machen sich dies viele, die antreten, um zu kämpfen, überhaupt nicht oder nicht rechtzeitig klar – mit fatalen Auswirkungen auf das Körperbild.
Hinzu kommt, dass die meisten Effekte der Verschönerungsmaßnahmen nur kurzfristig und keinesfalls auf Dauer und bis ans Lebensende beibehalten werden können, weil jeder Körper sich mit der Zeit durch Krankheiten, Medikamente, Schwangerschaft, Alterungsprozesse, Unfälle oder durch bestimmtes Ernährungs- und Bewegungsverhalten verändert. Das bedeutet konkret: Selbst wenn wir für einige Tage, Wochen oder Monate unserem Schönheitsideal so nahe wie möglich kommen, können wir diesen Zustand kaum aufrechterhalten. Das gilt für jeden Menschen, selbst für Topmodels. Nicht außergewöhnlich schön zu sein, ist daher der Normalzustand, richtig schön im Sinne des Ideals zu sein, ist hingegen ein Ausnahmezustand – darauf sollten wir uns einstellen, wenn wir Frustration vermeiden und ein positives Körperbild erlangen oder beibehalten wollen.

2. Wie sich die Unzufriedenheit mit dem Aussehen auswirkt

Die Unzufriedenheit mit dem Aussehen und Probleme mit dem Körperbild entstehen meistens nicht aus heiterem Himmel, sondern durch bestimmte Auslöser. Zu den häufigsten Auslösern zählen Hänseleien, diffamierende Bemerkungen sowie der Vergleich mit Personen, die den gängigen Schönheitsidealen nahekommen und denen man nacheifern möchte wie etwa Models.

Vergleich mit Folgen

Beim Anblick von Models in Modezeitschriften, auf Laufstegen oder in Fernsehsendungen ergeht es sehr vielen Personen folgendermaßen: Sie betrachten die Körper der Models genau und verinnerlichen den Anblick; dadurch werden die Körpermaße der Models für sie zum Maß aller Dinge. Dann vergleichen sie den eigenen Körper mit den Modelkörpern und stellen fest, dass sie dem nicht entsprechen, weil sie vielleicht mehr oder weniger wiegen, weil sie nicht so muskulös sind oder weil sie nicht so glatte Haut haben. Statt es nun aber dabei zu belassen, wachsen im Kopf die Selbstzweifel, und vor dem Spiegel beginnt ein unbarmherziger Vergleich des eigenen Körpers mit dem von Models, was dazu führt, dass die Unzufriedenheit noch größer wird. Diese Wirkung scheint unvermeidbar und ist so stark, dass sich selbst schlanke Personen nach dem Betrachten von Models zu dick finden und unbedingt abnehmen wollen. Viele fangen dann eine Diät an oder essen zumindest direkt nach dem Betrachten der dünnen Modelkörper eine Zeit lang weniger als normalerweise. Darüber hinaus denken sie nicht nur über alle Körperteile nach, die ihnen nicht gefallen, sondern entdecken eventuell sogar weitere, vermeintliche »Makel«. Außerdem fallen ihnen wieder schmerzlich alle abwertenden Bemerkungen aus der Vergangenheit ein. Darunter leidet natürlich die Stimmung. Menschen, die sich zu ihren Ungunsten mit Models vergleichen, sind schlecht gelaunt, niedergeschlagen und manchmal sogar depressiv. Sie schämen sich und wollen nicht mehr in den Spiegel schauen, sie beklagen sich über ihr Aussehen und würden sich am liebsten verstecken. Wird diesem Prozess kein Einhalt geboten, dann wird das Thema Aussehen irgendwann übermächtig. Alles wird begutachtet, kontrolliert, verglichen und wie durch ein Vergrößerungsglas betrachtet. Die vermeintlichen »Makel« erscheinen bedeutsamer, imposanter und schlimmer, als sie es in Wirklichkeit sind und als andere Menschen sie wahrnehmen. Je mehr jedoch die Gedanken um die eigene Unvollkommenheit kreisen und je häufiger der Blick von einem ungeliebten Körperteil zum nächsten wandert, desto stärker sinkt das Selbstwertgefühl, bis am Ende nur Selbstverachtung und Verzweiflung übrig bleiben.[41]

Die Unzufriedenheit mit dem eigenen Körper kann Menschen aus dem psychischen Gleichgewicht bringen und sie seelisch krank machen. Der eigene Körper wird zum Feind, der um jeden Preis verändert, ja »besiegt« werden soll; ansonsten scheint ein zufriedenes Leben nicht mehr möglich. Dieses Problem beginnt bedauerlicherweise immer früher im Leben und betrifft längst nicht nur Erwachsene, sondern zunehmend auch Kinder und Jugendliche.

2.1 Die Unzufriedenheit beginnt früh

Schönheitsideale gelten auch schon für Kinder. Wie Kinder gemäß dem Ideal aussehen sollten, zeigen vor allem das Fernsehen und die Werbung. Dort sind Kinder in der Regel schlank, haben gesunde Haut, die Mädchen haben lange Haare, die Jungen sind nach der aktuellen Mode frisiert, und es gibt nichts »Störendes« wie zum Beispiel Brillen, Zahnspangen, abstehende Ohren, Hautveränderungen, Übergewicht oder krumme Gliedmaßen. Die Mädchen haben ein »braves« Image, während Jungen in der Regel »sportlich« oder als »Lausbuben« dargestellt werden. Kinder, die für Kleidung

oder Spielsachen modeln und die auf Produktpackungen abgebildet sind, stellen manchmal über Generationen hinweg das Bild vom »idealen Kind« dar.
Die meisten Kinder, die solche Werbung sehen, reagieren und verhalten sich wie Erwachsene: Sie vergleichen ihr eigenes Aussehen mit dem der Kinder in der Werbung und schneiden dabei möglicherweise schlechter ab, was zu Unzufriedenheit führt. In der Folge davon wären sie gerne wie diese Kinder und begehren die Produkte, für die sie werben. Sie möchten außerdem so aussehen wie ihre Vorbilder, sie wünschen sich Schönheitsoperationen oder möchten abnehmen, selbst wenn sie normalgewichtig sind. Das führt dazu, dass manche Kinder gezielt und eigenständig (das heißt ohne Wissen und Anleitung durch die Eltern) Diäten durchführen oder Sport treiben, um schlank zu werden.[42] Vor allem Kinder im Grundschulalter, die sich wenig bewegen und viel Fernsehen und Werbung sehen, meinen, an ihrem Körper etwas verändern zu müssen. Viel zu selten bemühen sich Fernsehen und Werbung hingegen um die Vermittlung eines gesunden Körperbilds speziell für Kinder.[43]
Mädchen sind von der Unzufriedenheit mit dem Aussehen stärker betroffen und wollen mehr an ihrem Körper ändern als Jungen, allerdings ist auch das männliche Geschlecht nicht dagegen immun.[44]

2.2 Auch Männer sind immer öfter betroffen

Von Jungen und Männern wird zunehmend erwartet, dass sie sich pflegen, modisch kleiden und ihren Körper zum Beispiel durch Bodybuilding formen. Zwar lastet auf ihnen der Druck zum guten Aussehen noch nicht so intensiv und umfassend wie auf Frauen, aber er ist deutlich spürbar. Auch hierbei spielen Medien und Werbung eine entscheidende Rolle. So gibt es beispielsweise immer mehr Zeitschriften und Magazine »nur für den Mann«, die sich jedoch nicht Autos, Computern oder anderen typischen Männerinteressen widmen, sondern der körperlichen Fitness und dem Aussehen von Männern.

Die männlichen Models auf dem Cover solcher Zeitschriften werden von Jungen und Männern zum Anlass genommen, sich mit ihnen zu vergleichen. Dabei schneiden sie oft schlecht ab, denn die Models sind in der Regel makellos und sehr muskulös. Daraus resultiert Unzufriedenheit, die dazu führt, dass viele Männer mittlerweile ebenso wie Frauen bereit sind, für ein gutes Aussehen viel zu tun, und wenn es sein muss, auch zu leiden.[45]
Allerdings gehen Männer anders vor als Frauen. Während Frauen versuchen, Kalorien einzusparen, versuchen Männer, Kalorien zu verbrennen. Sie betreiben beispielsweise sehr intensiv Ausdauersportarten, machen Krafttraining und nehmen übermäßig viel Eiweiß in Form von Lebensmitteln, Pulvern und Pillen sowie künstliche Muskelaufbaupräparate zu sich, die jedoch zahlreiche Nebenwirkungen haben. Frauen und Männer drangsalieren also auf unterschiedliche Weise ihren Körper, um dem jeweiligen geschlechtsspezifischen Schönheitsideal zu entsprechen.

2.3 Unzufriedenheit macht verletzlich

Werden Menschen wegen ihres Aussehens gehänselt, oder machen sie in Elternhaus oder Schule die Erfahrung, dass sie nur beachtet und gelobt werden, wenn sie bestimmten Schönheitsidealen nacheifern, dann entwickeln sie mit hoher Wahrscheinlichkeit ein unsicheres, instabiles Körperbild und Selbstwertgefühl. Es kann sein, dass sie bereits in jungen Jahren ständig unzufrieden mit ihrem Aussehen sind und es auch als Erwachsene bleiben. Das allerdings macht sie verletzlich und erhöht ihr Risiko für ein verringertes Wohlbefinden. Besonders deutlich wird dies, wenn beispielsweise Erinnerungen an schlimme Erfahrungen aus der Kindheit (zum Beispiel Hänseleien) durch eine beiläufige, aber verletzende Bemerkung plötzlich wieder präsent werden. Dann ist der alte Schmerz wieder in alter Stärke spürbar, und es kann manchmal lange dauern, bis er nachlässt.[46] Die eigene Verletzlichkeit zu verringern, sich von »Gespenstern aus der Vergangenheit« zu befreien und sich vor solchen Situationen zu schützen, sind daher lohnenswerte Ziele.[47]

2.4 Unzufriedenheit und Intoleranz

Unzufriedenheit mit dem Aussehen und Probleme mit dem Körperbild führen laut aktuellen Studien zu mehr Intoleranz: zum einen gegenüber Personen, die vom gängigen Schönheitsideal abweichen,[48] zum anderen gegenüber der eigenen Person.[49]
Intoleranz gegenüber anderen zeigt sich in einer ablehnenden Haltung und in verbalen Angriffen. Sie geht in der Regel mit der Unfähigkeit und dem Unwillen einher, andere Positionen einzunehmen, verschiedene Perspektiven zu berücksichtigen und sich in andere hineinzuversetzen. Sie entsteht unter anderem durch Lernprozesse, negative Erfahrungen und Bequemlichkeit:

- Kinder lernen unter anderem durch das Nachahmen von Vorbildern und durch häufige Wiederholungen von Informationen und Meinungen. Nehmen wir beispielsweise an, unsere Eltern hätten uns in unserer Kindheit immer wieder gesagt, dass rote Haare oder Übergewicht hässlich seien. Wir lernen also, dass rote Haare und Übergewicht abgelehnt werden müssen – an uns selbst und an anderen. Wir können diese Meinung als Kinder noch nicht überprüfen und übernehmen sie erst einmal. Wenn wir älter werden, bilden wir uns zu vielen Dingen glücklicherweise eine eigene Meinung. Dann könnte es sein, dass uns rote Haare und ein paar Pfunde zu viel nicht mehr stören, ja dass wir sie sogar attraktiv finden. Oft ist es jedoch so, dass wir die meisten Botschaften und Meinungen, die uns in Kindheit und Jugend beeinflusst haben, nicht bewusst und kritisch reflektieren, und dass sie unser Denken und Verhalten beeinflussen, ohne dass wir es bemerken. Daher könnte es aufschlussreich sein, einmal alles aufzuzählen, was uns von unseren Eltern und Verwandten, von Gleichaltrigen und Lehrern, von Werbung, Medien und anderen Meinungsführern vermittelt wurde, um dann zu überlegen, wie diese Meinungen zustande kamen und ob wir sie wirklich teilen.
- Auch negative Erfahrungen tragen zu Intoleranz bei. Vielleicht hat uns einmal ein Junge mit roten Haaren einen bösen Streich gespielt, oder ein übergewichtiges Mädchen hat ein Gerücht

über uns verbreitet, oder wir sind selbst rothaarig und übergewichtig und haben schon viel Spott über uns ergehen lassen müssen. Dann verbinden wir diese körperlichen Merkmale mit den unangenehmen Ereignissen und lehnen uns selbst ab. Oder wir übertragen unsere Gefühle auf andere Personen, sodass wir alle Rothaarigen und Übergewichtigen meiden, weil wir von ihnen nichts Gutes erwarten.
- Darüber hinaus ist Intoleranz eine Folge von Bequemlichkeit. Es ist nämlich viel einfacher, eine einmal gefasste oder übernommene Meinung beizubehalten, als sie zu korrigieren oder sich um andere Sichtweisen zu bemühen.

Eine besondere Rolle bei der Ausbreitung von Intoleranz gegenüber Personen, die von gängigen Schönheitsidealen abweichen, spielen die Medien. So fanden beispielsweise amerikanische Soziologen anhand einer Analyse von Nachrichtenmeldungen und Sendungen, die zwischen 1995 und 2005 im Fernsehen ausgestrahlt wurden, heraus, dass die meisten westlichen Medien ein eindeutiges Bild von dicken und dünnen Menschen zeichnen. Sie stellen schlanke und sehr schlanke Menschen üblicherweise als attraktiv, leistungsfähig, erfolgreich, begehrenswert, reich, gebildet, angesehen, beliebt, von hohem sozialen Status und tugendhaft dar. Übergewichte Menschen werden hingegen als faul, verfressen, unbeherrscht, arm, dumm, gewöhnlich, asozial, peinlich, von niedrigem sozialen Status und moralisch verwerflich präsentiert – sie werden also an den »medialen Pranger« gestellt.[50]
Darüber hinaus wurde nachgewiesen, dass Kinder, die sehr lange sehr viele Medien wie zum Beispiel Fernsehen, Teenagerzeitschriften sowie Video- und Computerspiele pro Woche konsumieren, im Vergleich zu Gleichaltrigen mit geringem Medienkonsum übergewichtige Kinder stärker ablehnen.[51]
Starker Medienkonsum kann auch bei Erwachsenen zu Intoleranz führen. So lässt sich beobachten, dass sich der Mythos vom »bösen Fett«, den hauptsächlich die Medien verbreiten, so sehr in den Köpfen vieler Menschen festgesetzt hat, dass alles, was vermeintlich fett ist oder fett macht, geradezu panisch abgelehnt wird. Dies trifft auf angeblich dick machende Lebensmittel, Lebensmittelbestandteile

und Verhaltensweisen (zum Beispiel nicht auf die Ernährung achten, sich zu wenig bewegen) ebenso zu wie auf übergewichtige Menschen und geht so weit, dass manch einer eine regelrechte Fettphobie entwickelt. Sie äußert sich darin, dass das Thema »Fett« in jeglicher Form abgelehnt und gemieden wird, selbst wenn dies gesundheitlich oder ästhetisch gesehen unsinnig ist. Eine Fettphobie kann sehr ausgeprägt sein, dem Betroffenen aber gleichzeitig unbewusst bleiben beziehungsweise von ihm und seinem Umfeld nicht als krankheitswertig oder unvernünftig beurteilt werden.[52]

Moderne Hexenjagd

Medien definieren über kompromittierende Fotos, Artikel und Kommentare, welcher Prominente sich sehen lassen kann und welcher nicht. Vorreiter sind hier hauptsächlich Klatsch- und Boulevardmagazine in Druckform, im Internet und im Fernsehen. Sie leben einerseits davon, Stars und Sternchen abzubilden, andererseits verbreiten sie Aufnahmen, die dieselben Personen wenig vorteilhaft zeigen. Da werden Falten und Orangenhaut, Speckrollen, Krampfadern, Schminkpannen und nachlässig enthaarte Beine gezeigt, und es wird nicht an Häme gespart. Eine regelrechte Hexenjagd wird jedoch vor allem wegen des Körpergewichts veranstaltet. Wenn beispielsweise eine Schauspielerin abgenommen hat, wird dies ausgiebig gewürdigt, andererseits wird gelästert, wenn sie mal mehr wiegt als gewöhnlich. Ist es nur ein kleines Bäuchlein, das sich unter dem engen Abendkleid abzeichnet, wird über eine Schwangerschaft spekuliert, sind es jedoch etliche Pfunde mehr, so gibt es kein Halten mehr. Die Presse weidet sich an der »unmöglichen« Figur der Schauspielerin und suggeriert dadurch den Lesern: »So dürft ihr niemals aussehen, sonst werdet ihr ausgelacht und ausgestoßen.«

Auch prominente Schwangere rücken wegen ihrer Figur immer wieder in den Fokus der Presse. So wird positiv bemerkt, wenn beispielsweise einem Model bis kurz vor der Geburt kaum anzusehen ist, dass es schwanger ist. Und es wird gewürdigt, wenn eine frischgebackene Mutter schon wenige Tage oder Wochen nach der Niederkunft dank intensiver

Diät und hartem körperlichem Training wieder rank und schlank ist (sogenannter »after baby body«). Dies wird selbst bei älteren Prominenten mit mehreren Kindern erwartet, also auch dann, wenn die Voraussetzungen, kurz nach der Geburt wieder rasch in Form zu kommen, allmählich nachlassen. Schwangerschaft und damit einhergehende Veränderungen des weiblichen Körpers werden von der »Yellow Press« also nur dann geduldet, wenn sie keine sichtbaren Spuren hinterlassen.[53]

Aus der Unzufriedenheit mit dem Aussehen resultiert auch Nichtakzeptanz und Intoleranz der eigenen Person. Auch hierbei üben Medien einen fragwürdigen Einfluss aus. Beispielsweise hat man herausgefunden, dass Frauen Übergewicht und Körperfett an sich selbst umso stärker ablehnen, je häufiger und intensiver sie Modemagazine lesen.[54] Vor allem Frauen, die sich stark mit Models identifizieren, sind dafür anfällig. Und bei Zuschauerinnen von Reality-TV-Sendungen, insbesondere von Vorher-Nachher-Shows, bei denen die Teilnehmerinnen als „hässliches Entlein" auftreten, das sich dank zahlreicher Schönheitsoperationen innerhalb weniger Wochen zu einem „schönen Schwan" verwandelt, hat man herausgefunden, dass sie nach der Sendung unzufriedener mit ihrem Aussehen sind als zuvor und einen enormen Druck verspüren, dünn und hübsch sein zu müssen und etwas an sich machen zu lassen.[55] Modemagazine, Fashion- sowie Vorher-Nachher-Shows sind also oft kontraproduktiv hinsichtlich Toleranz und Selbstakzeptanz.

2.5 Selbstwertgefühl in Gefahr

Ein negatives Körperbild geht in der Regel mit einem schwachen Selbstwertgefühl einher. Letzteres ist einerseits Ursache, andererseits Folge eines negativen Körperbilds.

- Als Ursache ist es zu begreifen, wenn der eigene Wert als Mensch und mit ihm die eigenen Fähigkeiten, Kompetenzen, Vorzüge und Qualitäten als minderwertig erachtet oder gar nicht wahrgenommen werden. Wenn wir glauben, in verschiedenen Bereichen des Lebens nichts zu erreichen, nicht zu genügen oder nicht akzeptiert zu werden, glauben wir dies oft auch im Hinblick auf unser Äußeres. Wir richten unseren Fokus auf das Negative, also auf das, was uns stört oder anderen vermeintlich nicht gefällt. Wir gehen davon aus, dass Kleinigkeiten unser gesamtes Äußeres beeinträchtigen, und sind nicht in der Lage, diese Sicht zu revidieren.

- Als Folge stellt sich ein schwaches Selbstwertgefühl ein, wenn das Körperbild beschädigt wurde. Dies ist zum Beispiel der Fall, wenn andere Menschen verletzende Bemerkungen über unser Äußeres gemacht haben oder wenn es kaum Situationen, Erfahrungen oder Personen gibt, die uns darin bestärken, dass wir anderen gefallen könnten.

Ein schwaches Selbstwertgefühl geht beispielsweise mit Scham und Schuldgefühlen einher und sorgt dafür, dass wir häufig Stress empfinden, Stimmungsschwankungen ausgesetzt sind und gereizt, unglücklich oder sogar hoffnungslos sind. Es kann auch dazu führen, dass wir wütend und aggressiv sind, uns unwohl fühlen, kränklich sind und allgemein im Leben nicht gut klarkommen.[56]
Ein schwaches Selbstwertgefühl ist also ein Risikofaktor, der unser Wohlbefinden manchmal sogar zeitlebens beeinträchtigen kann – es sei denn, wir finden einen Weg, es zu stärken und damit zugleich unser Körperbild, unser Wohlbefinden und unsere Lebensqualität positiv zu beeinflussen.[57]

2.6 Krankheiten und Störungen

Wenn die Unzufriedenheit mit dem eigenen Aussehen sehr ausgeprägt ist, können sich verschiedene psychische Krankheiten und Störungen entwickeln. Exemplarisch gehe ich hier auf drei Störungen ein, die eng mit Körperbildproblemen zusammenhängen.

Körperbildverzerrung

Probleme mit dem Körperbild äußern sich unter anderem in einer veränderten Wahrnehmung und Bewertung des eigenen Körperumfangs. Menschen, denen es schwerfällt, ihren Körper und ihre Figur zu akzeptieren, neigen dazu, die eigenen Körperausmaße falsch einzuschätzen.[58] So tendieren beispielsweise viele stark übergewichtige Menschen dazu, sich weniger übergewichtig und somit schlanker zu sehen, als sie in Wirklichkeit sind.[59] Viel häufiger ist jedoch die Tendenz zu beobachten, dass Menschen sich für wesentlich dicker halten. Betroffen sind vor allem Frauen aus westlichen Kulturkreisen mit normalem Körpergewicht.[60]

Um solche Wahrnehmungsverzerrungen festzustellen, werden zum Beispiel Teilnehmern an wissenschaftlichen oder klinischen Untersuchungen die Silhouetten von Körpern mit unterschiedlichen Ausmaßen – von sehr untergewichtig bis sehr übergewichtig – gezeigt, und sie werden gebeten, ihren Körper einer Silhouette zuzuordnen. Man kann die Probanden auch bitten, ihren Körperumfang auf einen Bogen Papier zu zeichnen oder sich in eine Reihe von Personen mit unterschiedlichem Körperumfang einzuordnen. In der Regel zeigt sich, dass sich Probanden mit Körperbildproblemen falsch einordnen und eine von der Realität abweichende Wahrnehmung ihres eigenen Körperumfangs besitzen.[61]

Auch bei Personen mit Essstörungen ist dieses Phänomen zu beobachten. Sie überschätzen ihren Körperumfang um mindestens ein Drittel und halten sich somit für deutlich dicker, als sie es in Wirklichkeit sind. Besonders offensichtlich wird die Fehlwahrnehmung bei Magersüchtigen. Sie halten sich selbst dann noch für zu dick, wenn sie lebensbedrohlich unterernährt sind.[62]

Für die verzerrte Wahrnehmung des eigenen Körpers werden verschiedene Ursachen angenommen, beispielsweise der gesellschaftliche Druck zum Schlanksein, die Präsenz überschlanker Personen in den Medien, biologische und neurologische Dispositionen sowie ein Zusammenspiel verschiedener Faktoren.

Besonders die pathologische und chronische Überschätzung des eigenen Körperumfangs hat zur Folge, dass das Gefühl, übergewichtig und somit unattraktiv zu sein, niemals nachlässt, auch nicht nach mehreren Diäten und anderen Versuchen, abzunehmen. Die

Betroffenen unternehmen ständig neue Anläufe, das Körpergewicht und somit den Körperumfang zu kontrollieren und zu verringern, was sehr anstrengend und belastend ist. Eine realistischere Einschätzung des eigenen Körpers und die Akzeptanz des aktuellen Körperumfangs sind daher wichtige Ziele. Im Rahmen der Selbsthilfe oder einer Therapie geht es darum, die verzerrten Wahrnehmungen zu reduzieren und das Körperbild positiv zu verändern.[63]

Körperdysmorphe Störung

Die Unzufriedenheit mit dem eigenen Aussehen kann sogar noch bedenklichere Ausmaße annehmen. Man spricht dann von einer körperdysmorphen Störung oder Dysmorphophobie. Sie geht mit ähnlichen Problemen einher, wie ich sie schon für das negative Körperbild beschrieben habe, allerdings sind die Symptome bei dieser Störung wesentlich stärker ausgeprägt. Daher ist eine professionelle Behandlung erforderlich. Typisch für die körperdysmorphe Störung ist, dass sich die Betroffenen übermäßig intensiv mit einem eingebildeten Mangel oder einer befürchteten Entstellung ihrer äußeren Erscheinung beschäftigen, die objektiv gesehen in diesem Ausmaß nicht vorhanden ist und anderen Menschen möglicherweise gar nicht auffällt.
Am häufigsten bezieht sich die Überzeugung einer Entstellung auf das Gesicht, insbesondere auf die Hautbeschaffenheit und auf die Form von Gesichtsteilen wie der Nase oder der Augen. Frauen stören sich darüber hinaus oft an Hüften, Beinen, Brust und Körpergewicht, Männer an der Körpergröße und Körperbehaarung, an Form und Größe der Genitalien sowie an der Muskulatur. Prinzipiell können alle Körperteile und das gesamte Äußere betroffen sein.[64]
Zum Krankheitsbild gehören darüber hinaus ein permanentes Überprüfen des Defekts im Spiegel sowie das Bestreben, ihn durch kosmetische und andere Maßnahmen zu verbergen. Zu den typischen Verhaltensweisen (sogenanntes »Sicherheitsverhalten«) zählen unter anderem häufiges Kämmen, Rasieren und Haarentfernen, Berühren des vermeintlichen Defekts sowie Zupfen, Quetschen und Kratzen der Haut. Viele Betroffene meiden auch den Blick in

den Spiegel oder körperlichen Kontakt mit dem problematischen Körperteil. Außerdem vermeiden sie das Auftreten in der Öffentlichkeit, da sie abwertende und demütigende Reaktionen befürchten und Angst haben, hinter ihrer »Maske« als eigentlich unattraktiv erkannt zu werden. Die genannten Verhaltensweisen werden meist sehr ausdauernd und in zwanghafter Form durchgeführt. Es gelingt den Betroffenen jedoch meist nur kurzfristig und ungenügend, ihre Ängste und Befürchtungen auf diese Weise zu beseitigen.[65]

Die körperdysmorphe Störung verursacht viel Leid, denn die Betroffenen können ihren eigenen Anblick nicht ertragen und ihren Körper nicht akzeptieren. Darüber hinaus glauben sie, dass auch andere schlecht über sie denken und nichts mit ihnen zu tun haben wollen. Aus diesen Gründen leben sie oft sozial isoliert, gehen unter Umständen keiner geregelten beruflichen Tätigkeit nach, verzichten auf Freizeitvergnügungen und fühlen sich hoffnungslos und depressiv. Auch Selbstmordgedanken kommen vor.[66]

Wie viele Menschen von der Krankheit betroffen sind, ist nicht bekannt. Zudem sind die Grenzen zwischen noch nicht behandlungsbedürftigen und krankheitswertigen Ausprägungen fließend. Man schätzt, dass etwa fünf Prozent der Bevölkerung betroffen sind, aber vermutlich sind es mehr, da viele Betroffene gar nicht wissen, dass sie erkrankt sind und deshalb auch nicht zum Arzt gehen. Oder sie trauen sich nicht, über ihre Probleme zu sprechen, und werden daher auch nicht offiziell erfasst.

Die körperdysmorphe Störung beginnt üblicherweise in der Pubertät, manchmal auch schon früher, und hält oft über Jahre an. Je nach Entwicklung des Körperbilds und des Selbstwertgefühls verschlechtert oder verbessert sie sich im Lauf der Zeit, in seltenen Fällen verschwindet sie von selbst. Anfänglich stört sich etwa die Hälfte der Betroffenen nur an einem einzelnen Körpermerkmal, später sorgen sie sich jedoch auch wegen anderer Körperpartien, sodass die Beschäftigung mit dem Aussehen und das Leiden im Lauf der Zeit zunehmen.[67]

Man geht davon aus, dass unter anderem folgende Ursachen miteinander interagieren und die Krankheit auslösen beziehungsweise aufrechterhalten:

- **Gene und Gehirn:** Dass eine erbliche Veranlagung eine Rolle spielt, zeigt sich daran, dass meist mehrere Familienmitglieder von einer übermäßigen Beschäftigung mit dem Aussehen und anderen Symptomen der körperdysmorphen Störung betroffen sind. Die Ursache kann aber auch in fehlerhaften Abläufen zwischen Hormonen, Botenstoffen und Nervenzellen liegen; vermutet wird beispielsweise ein unausgeglichener Serotoninhaushalt im Gehirn.
- **Charaktermerkmale:** Zu den Eigenschaften, die die Herausbildung einer körperdysmorphen Störung fördern, zählen unter anderem Perfektionismus, Ängstlichkeit, Wettbewerbsorientierung und Leistungsbereitschaft, ein Hang zur Kritik und zum Vergleich mit anderen, die Neigung, sich an soziale Normen und Meinungen anderer anzupassen, eine starke Verinnerlichung westlicher Schönheitsideale, eine hohe Bewertung von äußerlicher Attraktivität sowie hohe ästhetische Ansprüche.
- **Denkstile:** Mit einer körperdysmorphen Störung gehen typische Denkstile einher, wie zum Beispiel die Tendenz, alles abzuwerten und eher negativ als positiv zu betrachten oder Dinge als absolut und unveränderbar anzusehen und keine Alternativen zu erkennen.
- **Selbstwertgefühl:** Ein schwaches Selbstwertgefühl bildet die Basis für Selbstzweifel, wie sie bei der körperdysmorphen Störung gehäuft auftreten. Ein stabiles Selbstwertgefühl ist hingegen ein gewisser Schutz vor der Erkrankung.
- **Wahrnehmung:** Es wird angenommen, dass die Wahrnehmung bei Menschen mit körperdysmorpher Störung verändert und negativ verzerrt ist. Beispielsweise nehmen die Betroffenen ein bestimmtes Körpermerkmal oder ihr gesamtes Aussehen als wesentlich unattraktiver wahr, als es in Wirklichkeit ist; auch im Vergleich mit anderen schneiden sie aus ihrer Sicht stets schlechter ab.
- **Erfahrungen:** Positive Erfahrungen, wie zum Beispiel Geborgenheit, Verständnis, Zuwendung und Unterstützung, wirken präventiv und heilend. Negative und traumatische Erfahrungen fördern die Störung hingegen in jedem Lebensalter. Zu den gra-

vierendsten negativen Erfahrungen in Kindheit und Pubertät, die Einfluss auf das Körperbild haben, zählen unter anderem emotionale und körperliche Vernachlässigung durch die Eltern, sexueller Missbrauch und Gewalterfahrungen, abwertende Bemerkungen und Kommentare durch Familienmitglieder und Gleichaltrige, Zurückweisung und ungerechte Behandlung aufgrund des Aussehens, gezieltes Hänseln, sozialer Ausschluss sowie Schikaniert- oder Gemobbtwerden wegen eines Körpermerkmals oder einer Auffälligkeit. Im Erwachsenenalter zählen Sticheleien durch Partner, Freunde, Kinder oder Kollegen, Zurückweisung durch einen möglichen Partner sowie berufliche Misserfolge und Ablehnung, die auf das Aussehen zurückgeführt werden, zu den belastendsten Erfahrungen.

- **Bilder und Vorbilder:** Eltern, Gleichaltrige, Medien, Werbung, gesellschaftliche Normen und andere Einflüsse können dafür sorgen, dass körperliche Attraktivität sehr wichtig genommen wird. Das führt besonders bei unsicheren, verletzlichen Menschen, die von den gängigen Schönheitsidealen abweichen, mit großer Wahrscheinlichkeit zu Selbstwertproblemen, Selbstzweifeln und Unzufriedenheit, auf denen die körperdysmorphe Störung basiert.
- **Auslöser:** Eine körperdysmorphe Störung kann allmählich entstehen, aber auch plötzlich auftreten, vor allem wenn zuvor seelische Erschütterungen erfolgt sind, zum Beispiel durch Scheidung, Trennung, Kündigung, Arbeitslosigkeit, durch eine schwere Erkrankung oder Veränderungen von Aufgaben, Funktionen und Rollen sowie durch den Verlust eines Angehörigen.
- **Zufall:** Im Grunde kann es jeden treffen, wie bei vielen anderen Erkrankungen auch. Es ist daher falsch, die Schuld allein bei sich zu suchen. Vielmehr gilt es, das eigene Denken und Verhalten zu hinterfragen und beides so zu verändern, dass die Symptome reduziert werden.[68]

Menschen mit körperdysmorpher Störung versuchen meist auf verschiedene Art und Weise, sich selbst zu helfen, allerdings sind sie damit kaum erfolgreich. Neben dem bereits erwähnten Überschminken, Kaschieren und Verstecken gibt es viele weitere Möglichkeiten. Zum Beispiel werden Mängel, die die Haut betreffen, mit Kosmetik und verschiedenen Prozeduren, wie Peelings, Salben und Cremes, »behoben«. Fehlende Muskeln werden durch exzessives Training und Muskelaufbaupräparate »wettgemacht«. Übergewicht wird mit Diäthalten »bekämpft«, blasse Haut mit intensivem Sonnenbaden und Bräunungscremes, dünne Haare mit Chemie, Haarverpflanzung und -verlängerung, unerwünschter Haarwuchs mit Wachs-, Strom- oder Laserbehandlungen und vieles mehr. Solche Methoden können für relativ wenig Geld von jedem selbst durchgeführt werden, es gibt aber auch Eingriffe, die kompliziert und teuer sind und nur von Ärzten und Spezialisten vorgenommen werden dürfen. Das betrifft alle Maßnahmen, bei denen Spritzen, Laser und operative Techniken zum Einsatz kommen, also sogenannte »Schönheitsoperationen«. Unter Patienten, die sich für dermatologische oder plastisch-chirurgische Eingriffe interessieren, sind besonders viele mit einer körperdysmorphen Störung. Die Mehrzahl von ihnen sucht irgendwann einmal einen Hautarzt, einen Hals-Nasen-Ohren-Arzt oder einen plastischen Chirurgen auf, um sich durch Operationen, kosmetische Behandlungen und spezielle Pharmakotherapien von ihrem vermeintlichen »Makel« befreien zu lassen.

Die Behandlungen stellen die Patienten jedoch selten zufrieden, da die Krankheit nicht durch Operationen, sondern nur durch psychotherapeutische Verfahren behandelbar ist. Sie bleibt also auch nach den Eingriffen unverändert bestehen. Die meisten Betroffenen bilden sich unter anderem ein, dass der Eingriff keine Wirkung gezeigt hat, dass er fehlerhaft ausgeführt wurde und der »Makel« dadurch sogar verstärkt wurde, oder sie entdecken gleich nach dem Eingriff einen anderen »Makel«, der den Wunsch nach weiteren Eingriffen weckt. Aus diesem Grund verschlechtert sich das Krankheitsbild oft nach operativen Schönheitsbehandlungen, sodass die Überzeugung, entstellt zu sein, wahnhafte Züge annimmt und tiefe Verzweiflung bis hin zu Selbstmordgedanken hervorruft. Schönheitsoperationen sind daher schädlich für Patienten mit körperdysmorpher Störung und sollten unterbleiben.[69]

Muskeldysmorphie – vom heimlichen Leiden starker Männer

Das Hemd ausziehen und lässig einen gestählten Oberkörper präsentieren – davon träumen viele Männer. War eine ausgeprägte Muskulatur in früheren Zeiten vor allem ein Zeichen harter, körperlicher Arbeit, gilt sie heute als attraktiv und signalisiert Erfolg, Stärke, Ausdauer und Kraft. Neben Muskeln sind es Merkmale wie breite Schultern, schmale Hüften und ein insgesamt schlanker, haarloser und ausgewogen proportionierter Körper, die als erstrebenswert propagiert werden. In Folge davon wird in vielen Filmen, Werbespots und Anzeigen, auf Laufstegen und auf Titelseiten von Männer- und Fitnessmagazinen fast ausschließlich der Mann mit dem »workedout body« gezeigt, der überlegen und selbstsicher wirkt und dem der Aufwand an Zeit, Mühe, Geld und Schweiß, den er in sein Aussehen investiert hat, nicht anzusehen ist. Die ständige Konfrontation mit dem männlichen Schönheitsideal ist jedoch keineswegs nur ein ästhetischer Genuss oder ein erstrebenswertes Ziel, sondern verwirrt und verunsichert viele Männer. Zahlreiche Studien zeigen, dass Männer heutzutage ebenso wie Frauen mit ihrem Körper unzufriedener sind, nachdem sie Filme oder Bilder betrachtet haben, auf denen nach heutigem Verständnis »perfekte« männliche Körper zu sehen sind.[70] Die Unzufriedenheit veranlasst selbst Männer mit einer deutlich ausgeprägten Muskulatur dazu, sich um den Aufbau von Muskeln zu bemühen. Sie treiben mehr Sport, vor allem Kraftsport, um Muskelmasse zuzulegen und Körperfett zu reduzieren, und nehmen über Nahrung und Nahrungsergänzungsmittel gezielt Proteine auf. Manch einer greift auch zu Anabolika, um dem Muskelwachstum nachzuhelfen. Obwohl bedenklich, kann man dieses Verhalten jedoch noch nicht als Zeichen einer Krankheit werten.[71]

Die Beschäftigung mit dem eigenen Aussehen und dem Muskelaufbau kann jedoch auch zur Obsession werden und krankhafte Züge annehmen. Betroffen sind hauptsächlich Männer im Jugendalter und mittleren Alter, seltener im höheren Alter; auch bei Frauen kommt der Wunsch nach einer ausgeprägten Muskulatur nur selten vor (am ehesten bei Leistungssportlerinnen). Im Extremfall dreht sich im Leben betroffener Jugendlicher und Männer alles nur noch um die Ausbildung der Muskulatur. Sie investieren sehr viel Zeit in Trainings, sodass sie ihr Berufs- und Privatleben vernachlässigen oder sogar den Job aufgeben und Freunde verlieren. Sie verbringen mehr Zeit im Fitnessstudio, auf Sportplätzen oder in Trainingsräumen als in der Wohnung. Sie vermessen unermüdlich den Umfang ihrer Muskulatur, posieren vor dem Spiegel und kontrollieren ihr Gewicht. Sie vermeiden es, dass andere ihren vermeintlich schmächtigen Körper sehen und tragen mehrschichtige Kleidung, um kräftiger zu wirken. Sie absolvieren ausgeklügelte Trainingspläne, verlassen nicht das Haus, ohne intensiv trainiert zu haben, überfordern ständig ihren Körper und ziehen sich Verletzungen und Entzündungen zu. Sie ernähren sich einseitig, nehmen zu viel Eiweiß und zu wenig Fett zu sich, entwickeln Essstörungen und geben viel Geld für Vitamine und Muskelaufbaupräparate aus. Und sie leiden unter den Folgen und Nebenwirkungen von Anabolika, zum Beispiel unter Herz-Kreislauf-Beschwerden, Herz- und Leberschäden, Muskelkrämpfen, Unfruchtbarkeit, Akne, Kopfschmerzen, kognitiven Beeinträchtigungen, Veränderungen der Stimmungslage und erhöhter Aggressivität.

Solche Symptome gelten als Hinweise auf eine »Muskeldysmorphie« (umgangssprachlich: »Adonis-Komplex«). Dabei handelt es sich um eine spezielle Form der körperdysmorphen Störung. Neben der intensiven Beschäftigung mit Körper, Aussehen und Muskeln sind die fixe Idee, dass der eigene Körper zu wenig muskulös und daher entstellt und unattraktiv sei, sowie eine extreme Unzufriedenheit mit dem Aussehen charakteristisch für die Erkrankung.

Die Ursachen der Muskeldysmorphie sind noch nicht eindeutig geklärt. Die wissenschaftliche Beschäftigung mit der Problematik lässt jedoch einen facettenreichen Hintergrund erahnen. Beispielsweise spielen Persönlichkeitsmerkmale eine Rolle, vor allem emotionale Instabilität (Neurotizismus) und Perfektionismus. Auch Männer, denen das Äußere und Fitness wichtig sind, die sich viel mit sich selbst beschäftigen und dazu neigen, sich mit anderen zu vergleichen, sind anfällig. Darüber hinaus sind die Orientierung an gesellschaftlichen Normen (Konformität) und traditionellen Geschlechtsrollenstereotypen einflussreiche Faktoren. Männer, die sich mit der Rolle des Mannes als »Beschützer und Ernährer« identifizieren und sowohl modernere männliche Rollenstereotype als auch Gleichberechtigung ablehnen, wollen ihrer Einstellung körperlich Ausdruck verleihen, indem sie Männlichkeitsmerkmale überbetonen. Ein Antrieb, sich exzessiv mit dem Äußeren zu beschäftigen, könnte auch in dem Bedürfnis liegen, andere Menschen beiderlei Geschlechts anzuziehen und zu beeindrucken. Dahinter verbergen sich jedoch meist tiefe Unsicherheit, Minderwertigkeitsgefühle und Ängste vor sozialer Zurückweisung. Die Betroffenen zeigen dies aber nicht nach außen, sondern spielen im Gegenteil den »starken Mann«.[72] Männer reagieren darauf mit Bewunderung, Anerkennung und Respekt. Ob Frauen, wie man annehmen könnte, mit verstärktem sexuellen Interesse reagieren, ist umstritten. Denn es wurde wissenschaftlich festgestellt, dass Frauen eine mittelmäßig ausgeprägte Muskulatur bei Männern am attraktivsten finden. Einen Männerkörper à la Arnold Schwarzenegger hingegen betrachten viele Frauen mit gemischten Gefühlen, vielleicht weil sie mit Muskeln nicht nur Attraktivität, sondern auch Gewaltbereitschaft, Dominanz, körperliche Überlegenheit und Untreue verbinden. Damit liegen sie nicht ganz falsch, denn viele muskulöse Männer halten sich für unwiderstehlich, was sie wiederum zu Seitensprüngen und Ehebrüchen, kurzen Beziehungen, häufigen Partnerwechseln und einem intensiven Liebesleben verleitet. Im Allgemeinen überschätzen Männer die Wirkung eines muskulösen Körpers auf Frauen.[73]

Eine Befragung unter Bodybuildern ergab, dass viele in ihrer Kindheit Opfer von beleidigenden Kommentaren und Schikanen durch Gleichaltrige geworden waren. Solche Erfahrungen hatten nicht nur ihr Selbstwertgefühl erheblich beeinträchtigt, sondern auch den Wunsch in ihnen geweckt, möglichst groß, stark und unverwundbar zu werden, um sich Angriffe und

Schikanen – zumindest auf körperlicher Ebene – nicht mehr gefallen lassen zu müssen. Der Aufbau von Muskeln im Erwachsenenalter trug jedoch nicht dazu bei, die alten seelischen Wunden verheilen zu lassen und innere Stärke aus der äußeren zu ziehen: Neben der Muskeldysmorphie litten die Bodybuilder auch als Erwachsene noch unter Selbstzweifeln und einem verminderten Selbstwertgefühl und zusätzlich unter Depressionen, Ängsten, Zwängen und einer gestörten Körperwahrnehmung. Darüber hinaus klagten sie über eine geringe Lebensqualität und hegten zum Teil sogar Selbstmordgedanken.[74]

Viele Fälle von Muskeldysmorphie bleiben unerkannt, weil die Betroffenen äußerlich kräftig und gesund wirken. Sie werden zudem von ihren Mitmenschen bewundert und sehen die Symptome und Verhaltensauffälligkeiten möglicherweise als Preis an, den sie für ihr attraktives Äußeres zahlen müssen. Darüber hinaus neigen Männer allgemein dazu, über Krankheiten oder Probleme nicht zu sprechen und diese zu ignorieren oder zu verheimlichen, aus Angst, dass dies als Schwäche ausgelegt werden könnte. Ein weiterer Grund, dass viele Fälle unerkannt und unbehandelt bleiben und die Erkrankung unterschätzt wird, kann darin liegen, dass Muskeldysmorphie ein verhältnismäßig neues Phänomen ist, über das noch nicht viel berichtet wurde.

Unzufriedenheit mit dem eigenen Körper und Muskeldysmorphie könnten sich nach Einschätzung von Experten vielleicht bald schon epidemieartig in der männlichen Bevölkerung ausbreiten, weil der Druck, gut auszusehen, auch für Männer ständig steigt. Dass die Erkrankung zudem nicht nur erwachsene Männer, sondern auch immer mehr Jugendliche befällt, sollte Anstoß dazu geben, eine besorgniserregende Entwicklung, wie sie seit Jahren bei Mädchen und Frauen im Hinblick auf das Schlankheitsideal zu beobachten ist, noch rechtzeitig aufzuhalten.[75]

Hinweis

Wenn Sie das Gefühl haben, dass der Gedanke, nicht attraktiv genug – ja vielleicht sogar entstellt – zu sein, Ihr Leben beherrscht und Sie stark beeinträchtigt, dann sollten Sie einen Experten aufsuchen, am besten einen Psychotherapeuten (zum Beispiel einen Psychotherapeuten, der kognitive Verhaltenstherapie anbietet und auf Essstörungen, Körperbildprobleme und körperdysmorphe Störungen spezialisiert ist). Er kann abklären, ob Ihre Sorgen und Symptome Anzeichen einer Krankheit sind, die behandelt werden sollte. Auch wenn Sie (noch) nicht ernsthaft erkrankt sind, kann er Ihnen helfen und Strategien aufzeigen, wie Sie mit Ihren Sorgen und Ängsten besser umgehen können. Anregungen dazu erhalten Sie auch in diesem Buch (s. Kap. 3). Im Anhang finden Sie außerdem Adressen und Anlaufstellen, die Beratung und Behandlungen der körperdysmorphen Störung anbieten.

Essstörungen

Probleme mit dem Körperbild, insbesondere eine ausgeprägte Unzufriedenheit mit der Figur, gehen oft mit Essproblemen und Essstörungen einher. Die größte Angst von Menschen, die ständig auf ihre Figur achten und »gezügelt« essen (das heißt ständig Kalorien zählen und versuchen, nicht zu viel zu sich zu nehmen), und von Personen mit Essstörungen wie Magersucht und Bulimie besteht darin, übergewichtig zu werden. Für sie ist Übergewicht gleichbedeutend mit Hässlichkeit und Unattraktivität mit allen denkbaren Folgen, zum Beispiel Gehänselt- und Gemiedenwerden, sich keine schöne Kleidung kaufen zu können, als Partner nicht mehr infrage zu kommen und vieles mehr. Die Vermeidung von Übergewicht und der Wunsch, durch eine möglichst schlanke Figur ein positives Körperbild zu erreichen und sich endlich wohl in der eigenen Haut zu fühlen, sind aber nicht die einzigen Ziele von Menschen mit Essstörungen. Mit der Kontrolle über ihr Essverhalten demonstrieren insbesondere Magersüchtige darüber hinaus Macht, Protest und Widerstand (zum Beispiel gegen ihre Eltern), propagieren ihr eigenes Schönheitsideal, füllen innere Leere und geben ihrem Leben Ziele, Struktur und Sinn – wenn auch auf eine destruktive Art und Weise.[76]

Magersüchtige und Menschen mit anderen Essstörungen und Ängsten vor dem Zunehmen haben in der Regel eines gemeinsam, nämlich ein unrealistisches Bild von den eigenen Körperausmaßen. Sie halten sich generell für zu dick, was zu Scham- und Schuldgefühlen führt und zahlreiche restriktive Verhaltensweisen auslöst, angefangen von Diäten über extreme körperliche Betätigung, Einsatz von Abführmitteln und Erbrechen bis hin zum Hungern – im Extremfall bis zum Tod. Die enge Verbindung zwischen Essverhalten, Körperwahrnehmung und Körperbild darf nicht ignoriert werden und kann als Ausgangspunkt für Selbsthilfe und Therapien dienen.[77]
Körperbildprobleme und Unzufriedenheit führen nicht automatisch zu Essstörungen, sie können jedoch den Weg in eine Essstörung ebnen, wenn gleichzeitig andere Einflüsse eine Rolle spielen, wie zum Beispiel kritische Lebensereignisse, schwierige familiäre und soziale Umstände und eine genetische Veranlagung beziehungsweise Verletzlichkeit.

Hinweis
Körperbildprobleme werden häufig im Rahmen von Therapien für Essstörungen behandelt; eigenständige Angebote, die sich ausschließlich auf Körperbildprobleme konzentrieren, gibt es hingegen nur sehr wenige. Falls Sie einen Experten suchen, den Sie um Rat fragen oder mit dem Sie eine Behandlung vereinbaren können, haben Sie vermutlich am meisten Erfolg, wenn Sie sich an Ambulanzen, Praxen und Beratungsstellen für Essstörungen wenden (siehe Anhang).

3. Wege zu mehr Zufriedenheit mit dem Aussehen

Der Weg zu einem gesunden Selbstwertgefühl und einem positiven Körperbild führt nicht über Kosmetika, Diäten oder Schönheitsoperationen, sondern über eine Veränderung der eigenen Sichtweise. Wenn Sie diesen dritten Teil des Buchs lesen und durcharbeiten, erfahren Sie, wie Sie Ihre bisherigen Denk- und Verhaltensgewohnheiten analysieren und so verändern können, dass Sie in Zukunft durch sie nicht mehr eingeschränkt werden. Sie lernen Möglichkeiten kennen, um Ihr Aussehen zu akzeptieren. Sie können eine neue Einstellung gegenüber sich selbst und Ihrem Körper entwickeln und lernen, ihn mit mehr Wertschätzung zu betrachten. Außerdem erfahren Sie, was Sie für Ihr allgemeines Wohlbefinden tun können.

Die folgenden Kapitel sind als Bausteine zu verstehen, die Sie nach Belieben zusammensetzen können. Sie enthalten viele Tipps und Übungen, die Sie zum Nachdenken, Ausprobieren und Aktivwerden anregen sollen. Was auch immer Sie tun, bleiben Sie dran, denn wie oft im Leben, so führen auch hier Beharrlichkeit und Geduld zum Ziel.

3.1 Das Denken verändern

Unzufriedenheit mit dem Aussehen und Probleme mit dem Körperbild resultieren oft aus einer bestimmten Art des Denkens. Es gibt eine Reihe von Denkstilen und sogenannten »Denkfehlern«, mit denen man sich das Leben schwer machen kann. Im Folgenden lernen Sie verschiedene ungünstige Denkstile kennen und erfahren, wie Sie eine Veränderung Ihres Denkens herbeiführen können.[78]

In Extremen denken
Damit ist gemeint, dass wir entweder nur das Gute oder nur das Schlechte an einer Sache bemerken, dass wir alles nur »weiß« oder nur »schwarz« sehen, aber nicht die vielen Graustufen dazwischen und schon gar nicht die Farben. Bei unserem Aussehen fällt uns leider oft das Negative oder das, was wir für negativ halten, auf – wir sehen also »schwarz«. Wir nehmen zum Beispiel nur die – in unseren Augen hässlichen – Ohren, Beine oder Oberarme an uns wahr, unsere seidigen Haare, unsere zarte Haut oder unsere netten Grübchen würdigen wir hingegen keines Blickes. Es handelt sich um einen sehr radikalen, unflexiblen Denkstil, der unsere negative Sicht auf den eigenen Körper weiter verstärkt.

Was Sie dagegen tun können
Gegen das Denken in Extremen hilft, sich klarzumachen, dass in der Realität kaum etwas lediglich aus zwei Polen besteht, schon gar nicht so etwas Komplexes wie Menschen und ihr Aussehen. Ein Mensch ist nie ausschließlich hässlich oder schön, sondern er hat seine attraktiveren und weniger attraktiven Seiten. Außerdem besteht er nicht nur aus seinem Äußeren, sondern auch aus seinen Charaktereigenschaften, Kenntnissen, Fähigkeiten und vielem mehr. Vielen Menschen ist dies durchaus bewusst, und sie kämen daher auch nicht auf die Idee, andere Menschen als ausschließlich »hübsch« oder »hässlich« zu bezeichnen – radikal in ihren Beurteilungen sind sie nur dann, wenn sie sich selbst bewerten.
Wenn Sie glauben, zu diesen Menschen zu gehören, die nur »schwarz« über sich denken, sollten Sie Ihre Gedanken eine Weile beobachten, also sich selbst beim Denken zuschauen. Was denken Sie konkret über sich und Ihr Aussehen? Zum Beispiel »lang wie eine Bohnenstange«, »krumm wie ein Gnom«, »eine Nase wie ein Geierschnabel«, »Zähne wie ein Ackergaul«? Solche Vergleiche zeigen, dass Sie eine ausgesprochen negative Sicht auf sich haben und nichts Positives erkennen können. Versuchen Sie doch mal, solchen Gedanken Einhalt zu gebieten und sie zu verändern. Wenn zum Beispiel der Gedanke »lang wie eine Bohnenstange« in Ihrem Kopf auftaucht, dann sagen Sie laut: »Stopp!« Das reißt Sie aus Ihrem Gedankenfluss und befähigt Sie, Metagedanken, also übergeord-

nete Gedanken, zu haben, mit denen Sie Ihre »normalen« Gedanken analysieren und bewerten können. Wenn Sie feststellen, dass Sie sich mal wieder selbst beschimpfen und abwerten, dann versuchen Sie, einen positiveren Gedanken zu entwickeln und den negativen Gedanken zu verjagen, zum Beispiel: »Ich bin lang wie eine Bohnenstange – Stopp! – Ich bin wunderbar groß, das hat eine Menge Vorteile.« Anfangs müssen Sie vielleicht noch Selbstdisziplin aufbringen, um die negativen Gedanken zu verscheuchen und sich etwas Besseres einfallen zu lassen, aber wenn Sie es häufig und konsequent genug machen, dann wird es Ihnen immer leichter fallen und irgendwann sogar zur Gewohnheit werden.

Eine kleine Hilfe ist auch, sich von dem Merkmal, das Sie stört, abzulenken, und die Aufmerksamkeit stattdessen auf ein anderes Merkmal zu richten, zum Beispiel auf eines, das Ihnen gefällt. Statt »Ich bin lang wie eine Bohnenstange« sollten Sie zum Beispiel »Ich habe feingliedrige, gepflegte Hände« denken. Fällt Ihnen spontan nichts Positives über sich selbst ein, weil Sie schon zu sehr gewohnt sind, nur auf das Negative zu achten? Dann denken Sie doch mal an Komplimente, die Ihnen im Lauf des Lebens gemacht wurden. Sicherlich war da so manches dabei, an das Sie sich gerne erinnern und das Ihnen gezeigt hat, dass es etwas an Ihnen gibt, das anderen Menschen gefällt. Richten Sie Ihre Gedanken lieber auf diese positiven Kommentare, und vergessen Sie unfreundliche Selbstbezeichnungen, wie die »lange Bohnenstange«.

Gedanken lesen

Es handelt sich hierbei nicht um die Kunst, in die Gehirne und Gedankenwelt anderer Menschen tatsächlich einzudringen, sondern um die Angewohnheit, zu glauben, dass man weiß, was andere denken, ohne jedoch zu überprüfen, ob es stimmt. Man glaubt zum Beispiel, dass andere Menschen die vermeintlichen »Makel«, die einem selbst ein Dorn im Auge sind, sofort sehen und sie ebenso entstellend finden wie man selbst. Ein typischer Gedanke ist: »Er sieht sicher gleich, dass ich Pickel habe und findet sie abstoßend.« Nun müsste konsequenterweise eine Überprüfung des Gedankens erfolgen, indem wir unser Gegenüber fragen: »Nicht wahr, du hast von der ersten Sekunde an nur auf meine Pickel gestarrt und findest sie fürchterlich?« Natürlich stellen wir eine solche Frage nicht. Stattdessen bleiben wir bei unserer Meinung und schämen uns wegen der Pickel oder haben Hemmungen, auf unser Gegenüber unbefangen zuzugehen. Fatal daran ist, dass wir auf diese Weise unsere negative Sichtweise von uns selbst auf andere übertragen und ihnen zugleich Kritik an uns unterstellen. Und da wir unsere Gedanken nie auf Richtigkeit überprüfen, erfahren wir leider auch nie, dass unser Gegenüber vielleicht bei unserem Anblick gedacht hat: »Sie hat so schöne blaue Augen, da könnte ich stundenlang hineinschauen.« Die Pickel hat die andere Person hingegen gar nicht bemerkt.

Was Sie dagegen tun können
Grübeln Sie am besten nicht darüber nach, was andere über Sie denken könnten – es stimmt ja meistens doch nicht und macht Sie nur verrückt.
Wenn Ihnen dies schwerfällt, überprüfen Sie Ihre Fähigkeit, Gedanken lesen zu können, an der Realität. Gehen Sie zum Beispiel mit einem Bekannten spazieren, überlegen Sie, was er gerade denken könnte, und fragen Sie ihn danach. Sie werden feststellen, dass Sie hin und wieder erahnen können, was in einer anderen Person vorgeht, oft genug aber auch nicht. Genauso verhält es sich mit den Gedanken anderer Menschen über Ihr Aussehen.
Wenn Sie glauben, dass etwas an Ihrem Aussehen anderen Menschen nicht gefallen könnte, dann versuchen Sie, sich von dieser Vorstellung zu lösen. Überlegen Sie stattdessen, was Ihnen schon Positives gesagt wurde oder dass jemand Ihren negativen Äußerungen und Befürchtungen hinsichtlich Ihres Aussehens widersprochen hat und Ihnen damit ein Kompliment gemacht hat. Das zeigt Ihnen, dass es auch andere, positive Meinungen über Ihr Aussehen gibt.

Vergleichen

Sich mit anderen zu vergleichen, ist vielen Menschen ein Grundbedürfnis. Sie versuchen auf diese Weise herauszufinden, wie sie ihre Position oder ihre Chancen im Vergleich mit anderen einschätzen können. Zum Beispiel vergleichen sie sich mit anderen Autofahrern, um herauszufinden, ob sie selbst ein guter, ein schlechter oder mittelmäßiger Autofahrer sind. Das Vergleichen erfolgt oft unbewusst und automatisch, bei manchen Menschen sogar ununterbrochen. Es kann sowohl beruhigen und froh machen, wenn man sich beispielsweise für besser oder überlegen hält, andererseits kann es verärgern, frustrieren und neidisch machen, wenn man sich für schlechter oder unterlegen hält. Da es solche Reaktionen auslöst, sollten wir uns gut überlegen, wie und mit wem wir uns vergleichen. Schädlich für unser Selbstwertgefühl ist ein Vergleich immer dann, wenn wir uns mit vermeintlich besseren, attraktiveren und erfolgreicheren Menschen vergleichen, ohne jedoch die Chance zu haben, jemals genauso zu werden wie sie. Sie sind dann keine positiven Vorbilder für uns, sondern stoßen uns lediglich darauf, wie unvollkommen wir uns fühlen. Eine positive Wirkung auf unser Selbstwertgefühl hat hingegen der Vergleich mit ungefähr Gleichrangigen, also mit Personen, die uns in vielerlei Hinsicht ähnlich sind. Das spornt uns an, uns mit ihnen zu messen, uns zu verbessern und einen fairen Wettkampf auszutragen.

Was Sie dagegen tun können

Wie beurteilen Sie eigentlich Ihre Augenfarbe? Vergleichen Sie Ihre Augenfarbe ständig mit den Augenfarben anderer? Wohl kaum. Sie wissen nämlich, dass die Augenfarbe angeboren und nicht veränderbar ist. Sie registrieren zwar, dass es Menschen mit anderen Augenfarben gibt, aber Sie wissen auch, dass Ihnen Ihre natürliche Augenfarbe steht. Sie würden sie daher vermutlich nicht radikal ändern wollen.

Nehmen Sie sich diese Art zu denken zum Vorbild, und wenden Sie sie genauso auf andere körperliche Merkmale, die genetisch bedingt und daher kaum veränderbar sind, an. Dazu gehören beispielsweise Körpergröße, Länge der Gliedmaßen und in einem gewissen Ausmaß auch das Körpergewicht. Kämpfen Sie nicht gegen diese Merkmale an, sondern akzeptieren Sie, dass Sie von der Natur mit diesen Eigenschaften ausgestattet wurden. Das heißt natürlich nicht, dass Sie überhaupt nichts für Ihre Gesundheit und Ihren Körper tun können oder sollten.

Wenn Sie sich trotzdem mit anderen vergleichen wollen, dann setzen Sie sich wenigstens Ihre eigenen Standards. Diese sollten jedoch realistischer und erreichbarer sein als diejenigen, die durch Medien und Werbung verbreitet werden. Es sollte bei diesen Vergleichen nicht um möglichst viel Jugendlichkeit, Schlankheit oder Muskeln gehen, sondern vor allem um Ihr persönliches Wohlbefinden, um Selbstakzeptanz und um Lebensfreude. Lernen Sie, ungünstige Vorbilder und Vergleichsmaßstäbe von günstigen, konstruktiven zu unterscheiden. Richtig sind diejenigen, die für Sie und Ihren Körper passen. Und wenn Sie wieder einmal Gefahr laufen, beim Anblick attraktiver Models in Selbstzweifel zu verfallen, dann sagen Sie laut: »Stopp!«, und: »Das sind zwar Standards, aber nicht meine. Daran orientiere ich mich nicht, weil es mir nicht gut tut und nicht zu mir passt. Ich bleibe lieber bei meinen eigenen.«
Versuchen Sie, den Anblick überschlanker Models oder anderer sehr attraktiver Personen nicht immer auf sich zu beziehen oder mit Ihrer Person in Verbindung zu bringen. Gönnen Sie diesen Menschen ihre Attraktivität, und sagen Sie sich, dass auch diese Personen ihre Fehler und Probleme haben. Vielleicht haben die dünnen langen Models besonders häufig Rückenschmerzen? Oder jemand ist zwar sehr attraktiv, hat aber keine Manieren? Ein attraktives Äußeres bedeutet nicht generelle Perfektion, sondern bringt nur Vorteile in ganz bestimmten Bereichen, nämlich in der Mode- und Werbebranche, in den Medien sowie im Schauspieler- und Modelgewerbe. In anderen Bereichen spielt es hingegen meist eine untergeordnete Rolle.

Fokussieren

Zu fokussieren, also sich auf eine Sache stark zu konzentrieren und sie nicht mehr aus dem Blick (Fokus) zu lassen, ist oft nützlich – aber nicht, wenn man sich damit selbst schadet. Menschen mit einem problematischen Körperbild neigen dazu, einen oder mehrere vermeintliche »Makel« in das Zentrum ihrer Aufmerksamkeit zu rücken. Sie betrachten sich ständig im Spiegel, beschäftigen sich gedanklich mit dem »Makel«, grübeln, sorgen sich oder berücksichtigen ihre »Problemzone« bei allem, was sie tun oder zu tun gedenken. Sie überlegen beispielsweise tagelang im Voraus, welche

Kleidung oder welche Frisur sie tragen müssen, damit andere den »Makel« nicht sofort entdecken. Dadurch schränken sie sich in ihren Möglichkeiten ein und können nicht mehr spontan tun, was ihnen beliebt. Vor allem aber verwenden sie sehr viel Zeit auf etwas, das diesen Zeitaufwand eigentlich nicht wert ist, und sie haben dadurch viel weniger Energien und Kapazitäten für wesentlich relevantere Dinge zur Verfügung. Das Fokussieren hat außerdem zur Folge, dass andere Merkmale aus dem Sichtfeld verschwinden. Wenn wir beispielsweise nur an unsere Falten im Gesicht denken und sie scheußlich finden, übersehen wir, dass andere Menschen sich vielleicht gar nichts daraus machen oder die Falten nicht bemerken. Außerdem kommen wir nicht auf die Idee, dass Falten uns auch attraktiver machen könnten und dass sie nun einmal zu einem gelebten Leben dazugehören. Wenn wir ausschließlich auf das Negative fixiert sind, fühlen wir uns irgendwann schlecht. Indem wir uns auf unsere Unzulänglichkeiten fokussieren, begeben wir uns auf eine gedankliche und emotionale Abwärtsspirale und machen uns selbst das Leben schwer.

Was Sie dagegen tun können

Überlegen Sie doch einmal, ob Sie auch in anderen Zusammenhängen dazu neigen, sich auf nur einen Aspekt zu konzentrieren. Sehen Sie bei Lebensmitteln nur den Preis oder zum Beispiel auch die Verpackung, den Geschmack oder die Herkunft? Starren Sie, wenn Sie eine fremde Wohnung betreten, nur auf die ungeputzten Fensterscheiben, oder nehmen Sie innerhalb kurzer Zeit ganz viele verschiedene Details wahr? Wahrscheinlich sagen Sie: »Natürlich achte ich bei Lebensmitteln nicht nur auf den Preis, natürlich sehe ich mehr als die Fensterscheiben!« Gut – und warum können Sie das dann nicht auch bei sich selbst?

Machen Sie sich klar, dass es unsinnig ist, in den allermeisten Bereichen des Lebens ein umfassendes, differenziertes Bild zu haben, nur nicht beim eigenen Äußeren. Das gilt auch für das Bild, das andere Menschen sich von Ihnen machen. Sie sehen Sie als ganze Person, als Gesamtheit mit all ihren verschiedenen – positiven wie negativen – Merkmalen.

Schuld zuweisen

»Wenn ich nur nicht so aussehen würde …« – wie oft haben Sie das schon gedacht? Wie oft haben Sie Ihre vermeintlichen »Makel« verwünscht, weil sie Ihnen im Weg stehen, Chancen zunichtemachen und vielleicht sogar Ihr ganzes Leben ruinieren? Stopp! Solche Gedanken hindern Sie nämlich daran, ganz vernünftig zu überlegen, ob es wirklich der »Makel« oder vielleicht etwas ganz anderes ist, das Sie behindert, beeinträchtigt und für Misserfolge verantwortlich ist. Natürlich gibt es Situationen, in denen spielen das Äußere und die körperlichen Voraussetzungen eine wichtige Rolle, aber ansonsten ist fast alles möglich. Das zeigen beispielsweise die Paralympics, in denen Menschen mit ungünstigen körperlichen Voraussetzungen Höchstleistungen erbringen.

Wenn Menschen, die viel stärker beeinträchtigt sind als Sie, es schaffen, sich zu behaupten, was hindert Sie dann noch daran, die Grenzen in Ihrem Kopf niederzureißen und das scheinbar Unmögliche zu wagen?

Was Sie dagegen tun können

Versetzen Sie sich einmal gedanklich in die Lage des attraktivsten Menschen, den Sie kennen, oder stellen Sie sich vor, dass Sie absolut schön und makellos sind. Wie wäre Ihr Leben dann? Liefe immer alles glatt? Wären Sie immer gleichbleibend strahlend, fröhlich und beliebt? Vermutlich nicht. Auch äußerlich perfekte Menschen werden betrogen, hintergangen, enttäuscht oder ausgenutzt. Auch sie erkranken, erleiden Pannen und Unfälle und haben manchmal Pech.

Wenn Sie absolut ohne Makel wären, verliefe Ihr Leben nicht unbedingt besser, nur vielleicht ein bisschen anders. Zwar könnten Sie Ihrem Aussehen nicht mehr so einfach die Schuld an Ihrer Unzufriedenheit geben, dafür hätten Sie aber vielleicht einen anderen Sündenbock, was Sie allerdings auch nicht weiterbringt. Versuchen Sie deshalb, ohne Sündenböcke auszukommen. Lösen Sie sich von der Vorstellung, dass Ihr Aussehen der springende Punkt und die Ursache all Ihrer Probleme ist, und versuchen Sie, die wahren Ursachen ausfindig zu machen.

Was auch noch hilft

Schauen Sie sich den Lebensweg von Menschen an, die gemessen an den momentanen Schönheitsidealen nicht sonderlich attraktiv sind, die es in Ihren Augen aber dennoch »geschafft« haben und vielleicht beruflich erfolgreich sind oder privat ihr Glück gefunden haben. Diese Menschen haben wahrscheinlich Folgendes getan: Sie haben sich nicht als Opfer eines ungerechten Schicksals gefühlt, sondern haben sich stattdessen überlegt, was sie tun können, um ihre Ziele zu erreichen und ihre Träume zu verwirklichen. Sie haben sich auf ihre Fähigkeiten, Talente, Kontakte und anderen Ressourcen besonnen und haben sie gezielt eingesetzt. Sie haben vermutlich an sich geglaubt und nicht so schnell aufgegeben. Diese Menschen kann man sich gut als Vorbild nehmen, denn jeder ist in der Lage, an seiner persönlichen Erfolgsgeschichte zu arbeiten, egal, wie schwierig seine Startbedingungen sind. Daher ist auch ein vermeintlich weniger attraktives Aussehen kein Hindernis, um das eigene Leben in die Hand zu nehmen.

Was sonst noch hilft

Es lässt sich leider nicht vermeiden, dass wir zurückgewiesen werden, beispielsweise von einem Arbeitgeber, von Menschen, mit denen wir gerne befreundet wären, oder von einer Person, in die wir uns verliebt haben. Die Gründe für eine solche Zurückweisung können sehr vielfältig sein und müssen nicht zwangsläufig etwas mit unserem Aussehen zu tun haben. In solchen Fällen sollten wir uns jedoch nicht mit Vorwürfen überhäufen und vielleicht sogar unser Aussehen dafür verantwortlich machen, dass wir abgelehnt wurden, und selbst, wenn es so wäre, ist dies kein Grund zu verzweifeln. Folgende Sätze können in solchen Situationen helfen: »Selbst wenn es so wäre, dass ich wegen meiner äußeren Merkmale abgelehnt wurde, so haben diese Menschen nur etwas bemerkt, das ihnen äußerlich an mir nicht gefällt, und haben mir ansonsten überhaupt keine Chance gegeben, mich zu beweisen und meine liebenswerten Seiten zu zeigen. Sie haben mich auf ein Merkmal reduziert, aber das bin nicht ich! Außerdem kann ich nicht allen Menschen gefallen, denen ich begegne – schließlich gefallen mir auch nicht alle! Daher ist es keine Lösung, wenn ich mich bemühe, meine vermeintlichen »Makel« ständig zu verbergen und mich deshalb zu schämen. Für mich ist stattdessen wichtig, zu mir zu stehen. Ich suche mir Menschen, die mich mit meinen vermeintlichen »Makeln« akzeptieren. Ich werde ganz bestimmt Menschen finden, die besser zu mir passen.«

Sich etwas verbieten

Was verbieten wir uns nicht alles, wenn wir unser Äußeres ablehnen? Eine ganze Menge! Wenn wir zum Beispiel unsere Figur nicht mögen und uns zu dick fühlen, dann gehen wir vielleicht nicht tanzen, schwimmen, an den Strand oder in die Sauna, treiben kaum Sport (schon gar nicht mit anderen) und vermeiden alles, bei dem wir uns zeigen oder vielleicht sogar ausziehen müssten, zum Beispiel beim gemeinsamen Umkleiden oder Duschen. Wir ziehen niemals kurze Hosen oder Röcke und keinesfalls eng anliegende Kleidung an, sondern verhüllen unseren Körper unter viel Stoff und weitgeschnittenen Gewändern. Nur äußerst ungern besuchen wir Boutiquen, Modehäuser und Fitnessstudios, weil uns die vielen Spiegel, die grellen Lichter und auch das Publikum befürchten lassen, dass wir auffallen und zur Zielscheibe von kritischen Blicken und Gespött werden könnten.

Wir haben aber auch Angst vor den eigenen Blicken, mit denen wir unser Spiegelbild überkritisch in Schaufenstern und Spiegeln taxieren. Wenn wir mit anderen essen, achten wir darauf, dass wir vor ihren Augen nichts Kalorienreiches zu uns nehmen, um nicht als zügellos zu gelten. Wir meiden den Kontakt zu Menschen, die unseren »Makel« nicht haben, weil es uns frustriert und neidisch macht. Wir achten stets auf unsere Körperhaltung und stehen beispielsweise so, dass unser Bauch möglichst flach aussieht, sitzen so, dass nicht beide Oberschenkel breit auf der Sitzfläche aufliegen, oder halten die Arme so, dass bestimmte Körperpartien verdeckt werden. Wir schmücken uns auch nicht, weil wir möglichst wenig mit unserem Äußeren zu tun haben wollen, und auch, weil wir es uns selbst nicht wert sind. Da wir uns nicht gefallen, verzichten wir also auf vieles, was uns vermutlich Spaß machen würde, leben zurückgezogen und verstecken uns vor der Welt.

Zu allem Überfluss erlegen wir uns auch noch Verbote auf: »Ich kann mich nicht im Badeanzug oder beim Sport blicken lassen, bevor ich nicht abgenommen habe.« Solche Gedanken fesseln uns, halten uns zurück und verwehren uns die Teilhabe an vielen Bereichen unseres eigenen Lebens.

Was Sie dagegen tun können

Fragen Sie sich einmal ehrlich: Warum verbiete ich es mir, mich zu zeigen? Schäme ich mich, habe ich Angst, mich zu blamieren, habe ich Furcht vor Aufmerksamkeit oder Angst, verspottet zu werden? Zählen Sie alle Ängste und Befürchtungen auf, die Ihnen einfallen, und stellen Sie sich ihnen, ohne etwas zu beschönigen oder Ausflüchte zu erfinden. Sich etwas ganz ehrlich einzugestehen und sich damit auseinanderzusetzen, sind nämlich erste Schritte, um sich aus der Gefangenschaft von Selbstverboten zu befreien. Und dann schauen Sie sich einmal die Menschen in ihrer Umgebung an. Es gibt sehr viele Menschen, die sich nicht verstecken, obwohl sie keine Modelqualitäten haben: Männer mit dicken Bäuchen und dichter Ganzkörperbehaarung, ältere Menschen mit Krampfadern oder junge Menschen mit deutlichem Übergewicht. Nicht alle Menschen machen sich so viele Gedanken um ihr Äußeres wie Sie. Daher können Sie sich Menschen, die sich ungehemmt zeigen, in einem gewissen Sinne zum Vorbild nehmen. Versuchen Sie nicht ständig daran zu denken, wie Sie auf andere wirken und was andere von Ihrem Äußeren halten könnten. Sie werden sehen, dass das »Loslassen« von Befürchtungen etwas sehr Befreiendes hat.

Stellen Sie sich doch einmal folgende Frage: »Was würde passieren, wenn ich mich und meinen »Makel« nicht mehr verstecken würde?« Vielleicht haben Sie noch nicht den Mut, es tatsächlich auszuprobieren. Sie könnten allerdings einmal ganz bewusst Menschen beobachten (vielleicht an Ihrem Arbeitsplatz oder in einem öffentlichen Café), die in Ihren Augen recht auffällige »Makel« haben. Wie wirken diese Menschen auf Sie? Zeigen Sie sich unbekümmert, so wie sie sind? Und wie reagiert das Umfeld dieser Menschen? Werden diese Personen ständig angestarrt, verspottet oder gehänselt? Geschieht etwas sehr Schlimmes oder Peinliches? Sehr wahrscheinlich nicht. Das liegt daran, dass die meisten Leute mit etwas ganz anderem beschäftigt sind, als die »Makel« anderer anzustarren.

Fragen Sie sich auch Folgendes: Wer verbietet es mir eigentlich, mich zu zeigen? Sie selbst tun das. Natürlich gibt es in jeder Gesellschaft und zu vielen Anlässen bestimmte Kleidungsvorschriften und Benimmregeln, die Ihnen gewisse Zwänge und Einschränkungen auferlegen. Sie sollten sich daran halten, wenn Sie nicht unnötig anecken wollen. Ansonsten gibt es aber niemanden, der Ihnen etwas vorschreiben kann. Kleiden und zeigen Sie sich je nach Mut, Laune und Anlass, und ignorieren Sie alles andere – dann sind Sie auf dem richtigen Weg.

Was auch hilft

Hören Sie auf, sich etwas zu verbieten, unabhängig davon, welchen »Makel« Sie meinen zu haben und wie schlimm Sie ihn finden. Sagen Sie nicht mehr: »Ich kann nicht, es geht nicht«, sondern: »Ich könnte es wirklich einmal probieren. Vielleicht macht es ja Spaß – und nichts von alldem, was ich dauernd befürchte, tritt ein.« Achten Sie auf Ihre Gefühle, wenn Sie sich etwas verbieten. Wie fühlen Sie sich? Einsam? Frustriert? Wertlos? Und wie fühlen Sie sich, wenn Sie sagen: »Ich erlaube mir, mich so zu zeigen, wie ich bin!« Erleichtert? Freudig? Voller Selbstvertrauen und Hoffnung? Sagen Sie sich: »Nichts ist unmöglich!« Machen Sie sich Mut, und denken Sie über individuelle Möglichkeiten nach, wie Sie aus einem Verbot eine Erlaubnis machen können. Träumen Sie aber nicht nur davon, sich unbefangen mit Ihrem »Makel« zeigen zu können, sondern planen Sie konkrete Schritte, und bereiten Sie sich innerlich darauf vor. Zunächst müssen Sie sich vielleicht überwinden, sich anders zu verhalten als bisher, doch nach einiger Zeit wird Ihr neues Verhalten für Sie zur Normalität werden. Vielleicht können Sie irgendwann darüber lachen, dass Sie sich so viel verboten haben.

Pessimistisch sein

An die Zukunft sollte jeder denken. Allerdings neigen wir, wenn wir ein Problem mit unserem Aussehen haben, dazu, uns die Zukunft vorwiegend schwarz auszumalen. Denn was soll schon besser werden, wenn wir älter werden? Die Haut wird schlaff und faltig, die Muskeln gehen zurück, der Bauch wird dicker, und die Haare werden grau oder fallen aus. Mit der körperlichen Attraktivität wird es zwangsläufig bergab gehen, und was bleibt uns dann noch? Dann werden wir noch einsamer und frustrierter werden, als wir es jetzt schon sind. Aber auch wenn wir nur die nächsten paar Jahre betrachten, kommt uns nichts Gutes in den Sinn. Falls wir noch keinen Partner gefunden haben, werden wir aufgrund unseres Aussehens auch weiterhin keinen finden, denn unser hässliches Äußeres macht uns doch bestimmt wieder einen Strich durch die Rechnung. Es wird auch dafür sorgen, dass wir nicht angesehen und beliebt sind und dass wir nicht eingestellt oder befördert werden. Es macht uns zu Außenseitern und wird – wie immer – alles ruinieren, was wir uns erhoffen, erträumen oder aufbauen wollen. Kann man sich bei solchen Gedanken auf die Zukunft freuen? Natürlich nicht!

Was Sie dagegen tun können

Versuchen Sie, negative Gedanken über Ihr Äußeres von Ihren Zukunftsplänen abzukoppeln. Machen Sie Ihre Wünsche, Träume, Hoffnungen und Ziele nicht von Ihrem Aussehen abhängig. Sonst könnten Sie nämlich Opfer einer selbsterfüllenden Prophezeiung werden: Ihr Glaube, dass Ihnen Ihr Aussehen in Zukunft nur schaden wird, veranlasst Sie unbewusst dazu, sich so zu verhalten, dass die ungünstige Prophezeiung auch tatsächlich eintritt. Aber das lässt sich zum Glück verhindern. Versuchen Sie sich immer wieder zu sagen: »Ich bin dem Schicksal nicht ausgeliefert, ich kann selbst die Initiative ergreifen!«

Überlegen Sie zum Beispiel, was Sie tun können, um Ihre Zukunft so angenehm und gewinnbringend wie möglich zu gestalten, und zwar unabhängig von Ihrem Äußeren. Wie wäre es zum Beispiel mit einer neuen Ausbildung, einem Wechsel in der Berufssparte oder einem neuen Hobby, etwa Musizieren oder Zeichnen? Vielleicht wollten Sie schon immer eine bestimmte Sprache erlernen, sich ein Wissensgebiet erobern oder eine neue Sportart ausüben? Erkunden Sie doch mal alle alten Gemäuer, Burgen und Schlösser in der Umgebung, fotografieren Sie die Natur in den vier Jahreszeiten, versuchen Sie sich als kreativer Kochkünstler, holen Sie sich

Anregungen durch Reisen, oder engagieren Sie sich ehrenamtlich. Sie werden bei all diesen Tätigkeiten die Erfahrung machen, dass es nicht darauf ankommt, wie Sie aussehen, sondern nur darauf, dass Sie einen Sinn in Ihrer Tätigkeit sehen. Wenn Sie mit dem Herzen bei der Sache sind, werden Falten, Narben, Pickel oder Übergewicht zur Nebensache – und wer stört sich an solchen Äußerlichkeiten, wenn es Ihnen zum Beispiel gelingt, Kranken Mut zu machen oder andere zum Lachen zu bringen?

Was außerdem hilft

Üben Sie sich in einem rationalen und konstruktiven Umgang mit Zukunftsgedanken. Machen Sie sich klar, dass Dinge, die Sie befürchten, nicht zwangsläufig eintreffen werden. Haben Sie vielleicht schon einmal befürchtet, sich erkältet zu haben, sind dann aber doch nicht erkrankt? Haben Sie Angst gehabt, Ihren Job zu verlieren, konnten ihn aber behalten? Oder haben Sie sich Sorgen gemacht, dass Sie wegen Ihres Äußeren von einer Modeverkäuferin geringschätzig behandelt werden, ohne dass dies dann auch der Fall war? Wenn Sie jetzt mindestens einmal »genau« gesagt haben, dann haben Sie offenbar die Erfahrung gemacht, dass längst nicht alles im Leben so kommt, wie man es denkt, plant oder erwartet. Versuchen Sie daher, Ihre Befürchtungen als solche zu erkennen, ohne Ihre Ängste und Bedenken zu übertreiben und ohne sich in sie hineinzusteigern und unbeirrbar davon auszugehen, dass diese auch Realität werden. All Ihre Eigenschaften und Merkmale, die Sie besitzen, werden Ihnen manchmal vielleicht zum Nachteil gereichen, manchmal aber auch zum Vorteil, oder sie werden überhaupt keinen Einfluss auf den Lauf der Dinge haben. Entspannen Sie sich also, und trennen Sie sich von der Idee, dass Ihr Äußeres über Ihre Zukunft bestimmt.

Was Sie sonst noch tun können

Versuchen Sie, mehr im Hier und Jetzt zu leben. Was Sie heute tun, ist wichtig und kann (muss aber nicht) Ihre Zukunft bestimmen. Denken Sie nicht dauernd daran, was alles Schlimmes eintreffen kann, worüber Sie verärgert oder enttäuscht sein werden oder was

Ihnen verwehrt bleiben wird, sondern konzentrieren Sie sich auf die Gegenwart.

Hohe Anforderungen haben

Wir leben in einer Leistungsgesellschaft und haben gelernt, dass wir uns anstrengen müssen. Daraus entsteht auch die Forderung, dass wir für unser Aussehen etwas tun müssen. Einfach so herumzulaufen, wie wir nun einmal sind, ist uns eigentlich nicht gestattet. Denn es wirkt, als ob wir nachlässig wären. Wenn wir aber ständig mit Diäthalten, Muskelaufbau, Schminken oder anderen Maßnahmen beschäftigt sind, die unser Aussehen verbessern sollen, hält man uns für problembewusst, verantwortungsvoll und zielstrebig. Stopp! An diesem Punkt sollten wir uns ein paar Fragen stellen. Erstens: Wer ist »man«? Wer erwartet von uns, dass wir uns ständig mit unserem Aussehen beschäftigen? Die Gesellschaft? Unsere Kollegen, Freunde und Verwandten? Oder jemand anderes? Wie wichtig ist uns ihr Urteil? Und was würde passieren, wenn es uns egal wäre, was sie denken? Zweitens: Warum wollen wir uns und anderen beweisen, dass wir alles – vor allem unser Aussehen – stets im Griff haben und es jederzeit nach unserem Willen gestalten können? Wollen wir damit in einem guten Licht erscheinen? Oder leitet uns eher die Angst, dass wir sozial ausgeschlossen und nicht mehr akzeptiert und geliebt werden, wenn wir nicht das tun, was unser Umfeld vermeintlich von uns erwartet? Drittens: Warum machen wir unser Äußeres zu dem Bereich, in dem wir unsere Willenskraft, unser Durchhaltevermögen und unsere Leistungsfähigkeit beweisen? Wäre es nicht sinnvoller, sich andere Bereiche zu suchen, zum Beispiel das Familienleben, eine Freizeitbeschäftigung, ein Ehrenamt oder den Beruf?

Die Meinung, dass wir uns hinsichtlich des Aussehens nicht gehen lassen und uns auch nicht trauen dürfen, so zu bleiben, wie uns die Natur geschaffen hat, hängt mit unserem Anspruchsdenken zusammen. Medien, Marketing und die Schönheitsindustrien geben Normen vor, die zugleich Ansprüche sind. Wir übernehmen Sie meistens unhinterfragt und machen sie zu unseren eigenen. Es kostet uns viel Kraft und Mühe, die Ansprüche ständig zu erfüllen, und doch stellt uns das Ergebnis selten zufrieden.

Was Sie dagegen tun können

Überlegen Sie sich, welche Ansprüche Sie an sich haben. Muss zum Beispiel Haut absolut faltenlos sein, um von Ihnen akzeptiert werden zu können? Müssen Zähne gerade, Beine lang und Körper schlank und muskulös sein, damit Sie sie attraktiv finden? Wenn dies der Fall ist, haben Sie geradezu unerreichbar hohe Ansprüche, die kein Mensch ein Leben lang erfüllen kann – Sie wahrscheinlich auch nicht.

Betrachten Sie einmal Ihren Partner, Ihre Kinder und andere Personen, die Sie schön finden. Sie entsprechen wahrscheinlich alle nicht dem allgemein verbreiteten Schönheitsideal, und doch sind Sie in Ihren Augen attraktiv – und mehr als das. Sie sind für Sie wertvolle und liebenswerte Menschen. Wenn Sie dies bestätigen können, dann haben Sie erkannt, dass Schönheit subjektiv ist und dass Sie Menschen schön finden können, die nicht den gängigen Schönheitsidealen entsprechen. Und Sie haben begriffen, dass man Menschen als Ganzes betrachten muss und Schönheit daher viel mehr ist als nur eine perfekte äußere Hülle.

Falsche Schlüsse ziehen

Unsere Gefühle sind mächtig und beeinflussen uns fast ununterbrochen. Sie können uns auch zu falschen Schlüssen verleiten. Im Zusammenhang mit unserem Körperbild könnte eine solche Schlussfolgerung folgendermaßen aussehen: »Ich fühle mich hässlich, also bin ich es auch.« Es gelingt uns nicht, unser Gefühl von der Realität zu trennen, sondern wir schließen vom einen auf das andere. Um dies zu ändern, ist es hilfreich, uns in diesem Punkt weniger von unseren Gefühlen leiten zu lassen, sondern uns ganz neutral aus der Sicht eines Fremden zu betrachten. Auf diese Weise können wir versuchen, unabhängig von unseren Gefühlen eine Bestandsaufnahme zu machen. Was ist zu sehen? Welche Merkmale hat unser Körper? Wie kann unser Äußeres beschrieben werden?

Wir sollten uns jedoch nicht nur neutral wie ein Fremder, sondern auch entspannt betrachten. Wenn wir in schlechter Stimmung sind, neigen wir nämlich dazu, schlichtweg alles abzuwerten und negativ zu finden, was uns auffällt, insbesondere unser Aussehen, mit dem wir ohnehin schon Probleme haben. Dann neigen wir auch zum Übertreiben und Generalisieren. Gefällt uns zum Beispiel unsere Nase ohnehin nicht und treten wir verärgert oder frustriert vor den Spiegel, dann regen wir uns auch gleich noch über unsere Zähne, unser Gesicht insgesamt, ja, über unseren gesamten Körper auf – mit dem Ergebnis, dass unsere Laune noch schlechter wird. Das muss nicht sein. Bevor Sie sich mit Ihrem Äußeren befassen, sollten Sie erst in sich hineinhorchen und feststellen, in welcher Stimmung Sie gerade sind. Sind Sie wütend? Verstimmt? Traurig? Heiter? Entspannt? Zuversichtlich? Ist Ihre Gefühlslage neutral bis positiv, dann dürfen Sie sich betrachten, weil Sie sich dann nämlich nicht selbst schaden werden. Ist sie hingegen negativ, sollten Sie darauf verzichten, sich intensiver mit Ihrem Äußeren zu befassen. Warten Sie lieber, bis es Ihnen wieder besser geht, oder sorgen Sie selbst für eine entspannte und positive Stimmung, indem Sie sich beruhigen, ablenken oder aufheitern.

Was Sie dagegen tun können

Schlechte Laune wird durch viele Situationen und Dinge ausgelöst. Statt Ihr Äußeres dafür verantwortlich zu machen, könnten Sie sich überlegen, was genau Ihnen die Laune verdorben hat: Das Wetter? Ein Familienmitglied? Ein Stau? Ein Strafzettel? Der Chef? Versuchen Sie, sehr konkret zu definieren, was Sie aufregt, und überlegen Sie sich dann, wie Sie mit Ihren Gefühlen umgehen und was Sie tun können, um den Ärger zu beseitigen oder zukünftig zu vermeiden. In einer solchen Situation das eigene Aussehen zu kritisieren, ist keine Strategie, die Ihnen weiterhilft! Regeln Sie Ihre Angelegenheiten, aber lassen Sie Ihr Äußeres dabei außen vor! Um Ihre Gefühle positiv zu beeinflussen, sollten Sie zudem zwischen einer Feststellung und einer Abwertung unterscheiden. Sagen Sie daher nicht »Ich bin hässlich in dieser Kleidung« (Abwertung), sondern »Ich fühle mich nicht wohl darin« (Feststellung). Während die Abwertung gegen Sie selbst gerichtet ist, liefert Ihnen die Feststellung oft automatisch eine Lösung, die zugleich Ihre Stimmung verbessern kann: In diesem Fall besteht sie darin, einfach etwas anderes anzuziehen.

3.2 Schönheitsmythen hinterfragen

Über Schönheit gibt es viele Mythen.[79] Das sind Vorstellungen, Annahmen und Ideen, die weitverbreitet sind, aber nicht immer der Wirklichkeit entsprechen. Im Folgenden werde ich einige dieser Mythen vorstellen und zeigen, wie wir sie hinterfragen und korrigieren können.

Schönheitsmythos Nummer eins: Wer schön ist, kommt im Leben weiter

Der Mythos besagt: Äußerlich attraktive Menschen haben Vorteile im Leben. Sie erhalten einen Sympathievorschuss. Hübsche Kinder werden, weil sie so niedlich sind, bevorzugt, gutaussehende Schüler bekommen bessere Noten, attraktive Erwachsene finden schneller einen Partner und sind im Job erfolgreicher.
Aber ist das wirklich so? Was spricht gegen diesen Mythos?

- Schöne Menschen profitieren nicht automatisch und unablässig von ihrem Aussehen. Sie werden ebenso wie weniger attraktive Menschen abgewiesen oder nicht unterstützt, vor allem in Bereichen, in denen das Aussehen keine Rolle spielt.
- Das Leben zeigt, dass auch weniger gutaussehende Menschen Partner finden und eine Karriere machen können. Schauen Sie sich einmal um in Wirtschaft, Politik, Wissenschaft, in den Künsten oder in anderen Bereichen: Dort sind sehr viele Menschen gemessen an den gängigen Schönheitsidealen überhaupt nicht attraktiv, und doch haben sie ihre Ziele erreicht. Selbst Schauspieler oder Schauspielerinnen sind nicht immer hübsch, im Gegenteil: Gerade diejenigen Mimen sind oft besonders überzeugend, die nicht dem gängigen Schönheitsideal entsprechen, sondern durch ihr Talent, ihren unverwechselbaren Charakterkopf oder ihre Vielseitigkeit faszinieren.

Schönheitsmythos Nummer zwei: Schönheit bringt nur Vorteile

Es ist unbestritten, dass Schönheit anziehend macht und zur eigenen Zufriedenheit beiträgt. Die Vorstellung, dass ein gutes Aussehen einem jedoch ausschließlich Vorteile einbringt, stimmt aber nicht, und zwar aus folgenden Gründen:

- Auffallend schöne Menschen werden von anderen Menschen gerne betrachtet, aber auch beneidet. Das kann dazu führen, dass besonders attraktive Personen gemieden, beleidigt oder schikaniert werden.
- Schönheit verschafft einen Sympathie- und Vertrauensvorsprung, kann aber auch Ablehnung und Misstrauen hervorrufen. Letzteres äußert sich beispielsweise in der Unterstellung, dass schöne Menschen meinen, sich einfach alles erlauben zu können. Es zeigt sich außerdem darin, dass Erfolge und Leistungen von attraktiven Personen nicht automatisch anerkannt und gewürdigt werden, weil davon ausgegangen wird, dass ihnen der Erfolg aufgrund ihres Aussehens zugefallen ist und ohne dass sie sich dafür anstrengen mussten.
- Auffallende Schönheit reizt zu sexuellen Avancen. Attraktive Männer und Frauen wirken anziehend und werden daher oft zur Zielscheibe von verbalen und körperlichen Belästigungen, anzüglichen Witzen, Pfiffen und Sprüchen sowie von sexuellen Übergriffen, was sehr belasten kann. Berühmte Schönheiten haben zudem das Problem, als Sexsymbol zu gelten, obwohl viele dies gar nicht anstreben.
- Schönheit führt zu Fehleinschätzung. Attraktivität wird oft gleichgesetzt mit einem guten Charakter, Intelligenz und Befähigung. Dies führt jedoch dazu, dass attraktive Personen eher überfordert und weniger attraktive Personen eher unterschätzt werden.
- Auffallend schönen Menschen wird unterstellt, dass sie oberflächlich seien. Attraktiven Männern wird beispielsweise nachgesagt, mehr Zeit vor dem Spiegel und im Fitnessstudio zu verbringen als über Büchern; besonders männlich wirkende Männer gelten außerdem als dominant, aggressiv und rücksichtlos. Schönen Frauen werden wiederum geistige Fähigkeiten wie Logik, Denken und Wissen abgesprochen. Wirken sie dann auch noch sehr feminin, hält man sie automatisch für gefühlsbetont, passiv und abhängig – was alles nicht stimmen muss!

- Schöne Menschen gelten als eitel. Ihnen wird nachgesagt, sie seien selbstverliebt und narzisstisch und würden viel Zeit damit verbringen, sich mit ihrem Aussehen zu beschäftigen und sich zu bewundern.
- Schönheit ist vergänglich. Schönen Menschen wird nachgesagt, dass sie sich nur auf ihr Aussehen konzentrieren und sich daher mit dem Verlust eines guten Aussehens oder mit dem Älterwerden besonders schwertun.
- Schönheit versperrt den Blick auf den Menschen. Ein attraktives Äußeres zieht die Blicke auf sich und hält sie gefangen, sodass die anderen Eigenschaften und Talente des Menschen oft in den Hintergrund rücken. Schöne Menschen leiden oft darunter, dass sie nur wegen ihres Aussehens anerkannt und nicht als Mensch in seiner Gesamtheit mit allen Fähigkeiten, Interessen, Charaktereigenschaften, Erfahrungen, Kenntnissen und Zielen wahrgenommen werden.
- Schönheit kann konform und langweilig wirken. Viele Frauen glauben, dass sie nur schlank sein und lange, blonde Haare haben müssen, um als attraktiv zu gelten. Doch ist das nicht langweilig? Diese Frauen entsprechen zwar dem weitverbreiteten Schönheitsideal, und sie zeigen, dass sie es verinnerlicht haben und ihm nacheifern, aber ihnen fehlt das Charakteristische, das Individuelle, das sie zu unverwechselbaren Persönlichkeiten macht.

Schönheitsmythos Nummer drei: Schönheit ist rein äußerlich

Für viele ist Schönheit gleichbedeutend mit körperlicher Attraktivität. Es wurde mittlerweile jedoch wissenschaftlich nachgewiesen, dass es auch eine innere, charakterliche Schönheit gibt.[80] Sie zeigt sich zum Beispiel darin, dass eine Person höflich, humorvoll, einfühlsam, aufmerksam und zuverlässig ist oder dass sie gut erzählen oder zuhören kann. Diese innere Schönheit wird umso wichtiger, je länger eine Freundschaft oder eine Liebesbeziehung dauert, und spielt auch bei der Partnerwahl – vor allem wenn es um lebenslange, feste Bindungen geht – eine entscheidende Rolle.

3.3 Wissenswertes über Schönheitsoperationen

Seinen Körper gezielt zu verändern, um attraktiver zu werden, wird immer populärer. Millionen Menschen machen Diäten oder bauen gezielt Muskulatur auf, färben sich die Haare, lassen sich tätowieren oder unterziehen sich kosmetischen und chirurgischen Eingriffen, um das ihnen angeborene Aussehen in gewünschter Richtung zu verändern. Immer verbreiteter werden Schönheitsoperationen, wobei hier sowohl invasive als auch nicht invasive Eingriffe gemeint sind. Seit etwa 20 Jahren nimmt ihre Zahl jährlich zu. Gab es laut der American Society of Plastic Surgeons (ASPS) im Jahr 1992 in den USA ca. 400.000 Eingriffe, so stieg die Zahl im Jahr 2002 auf 6 Millionen, im Jahr 2008 auf 12 Millionen und 2010 auf über 13 Millionen. Zwischen 2000 und 2010 stieg die Anzahl der Eingriffe um 77 Prozent, wobei die minimalinvasiven Eingriffe um 110 Prozent zunahmen. Eine ähnliche Entwicklung ist auch in Europa zu beobachten, dem mittlerweile zweitgrößten Markt für Schönheitsoperationen auf der Welt. Am häufigsten lassen junge Frauen Eingriffe vornehmen. Besonders häufig werden Lippen- und Brustvergrößerungen, Nasenkorrekturen sowie Faltenglättungen mithilfe von Botulinumtoxin (»Botox«) und chemischen Peelings vorgenommen.[81]

Innerhalb weniger Jahre ist die Scheu vor Schönheitsoperationen deutlich gesunken, fast schon wird diese Dienstleistung als etwas Selbstverständliches angesehen. Dies liegt unter anderem daran, dass für Schönheitsoperationen teilweise offensiv geworben wird (zum Beispiel in Reality-Shows), dass die Risiken mitunter heruntergespielt werden und dass die Eingriffe dank medizintechnischer Fortschritte insgesamt weniger belastend und zum Teil auch erschwinglicher geworden sind. Hinzu kommt, dass es prominente Vorbilder wie Schauspielerinnen gibt, die offen zu ihren Schönheitsoperationen stehen und gesellschaftliche Trends vorgeben. Den dadurch entstehenden Druck spüren sogar schon Kinder und Jugendliche mit der Folge, dass bereits in jungen Jahren Eingriffe vorgenommen oder zumindest geplant werden. Viele weibliche Teenager wünschen sich beispielsweise zur Volljährigkeit kein Auto, sondern eine Schönheitsoperation. Auch die Medien tragen zur Popularität von Schönheitsoperationen bei, insbesondere mehrteilige Sendungen in Privatsendern, in deren Verlauf ausgewählte Teilnehmer mit allen Mitteln der Chirurgie, (Zahn-)Medizin und Kosmetik operiert und gestylt werden. Wie selbstverständlich sind sie nach der Transformation überglücklich und geben vor, nun keinerlei Probleme im Leben mehr zu haben. Wie selbstverständlich gibt es auch keine Komplikationen, und die Unzufriedenheit scheint wie weggeblasen. Die Freude der Teilnehmer wirkt so überzeugend, dass sich die Zuschauer dem »Erfolgsprinzip Schönheitsoperation« kaum entziehen können.[82]

Solche Sendungen stellen in der Regel aber nur eine Seite der Medaille dar. Die andere Seite wird oft verharmlost oder verschwiegen. Dabei liegen die Nachteile auf der Hand: hohe Kosten, die Gefahr von Selbstentfremdung, medizinische Komplikationen, das Risiko eines unbefriedigenden Ergebnisses, psychische Überforderung mit dem veränderten Aussehen und ethische Bedenken.[83] Umfragen unter Personen, die sich einer Schönheitsoperation unterziehen wollten, zeigen, dass diese sich von dem Eingriff sehr viel erhoffen, vielleicht zu viel. Beispielsweise hofften sie, dass sie sich und ihren Körper nach dem Eingriff endlich (wieder) akzeptieren können und dass sich ihre neu gewonnene Zufriedenheit auch positiv auf Partnerschaft, soziale Beziehungen, Berufsleben und andere Lebensbereiche auswirkt.[84]

Ein beträchtlicher Anteil der Interessierten (ca. 5–15 Prozent) leidet allerdings unter einer psychischen Störung, meist der körperdysmorphen Störung.[85] Für diese Menschen sind Schönheitsoperationen kontraproduktiv, da sie nicht die Ursachen des eigentlichen Problems beseitigen (s. Kap. 2.6). Nach einer kosmetischen oder chirurgischen Behandlung sind Personen mit körperdysmorpher Störung zwar kurzzeitig zufrieden, allerdings finden sie schnell eine oder mehrere andere Körperpartien, die sie für entstellt halten, und der Wunsch nach einem Eingriff erwacht von Neuem. Über kurz oder lang geraten sie in einen Teufelskreis aus Operationen, Unzufriedenheit und dem Bedürfnis nach erneuten Operationen, aus dem sie nur mit professioneller Psychotherapie herausfinden können. Es ist daher Aufgabe der behandelnden Schönheitschirurgen, körperdysmorphe Störungen zu erkennen, den Patienten von einem

Eingriff abzuraten und sie zu einem Spezialisten (zum Beispiel zu einem Psychotherapeuten) zu überweisen.[86]
Natürlich wären Schönheitsoperationen nicht so beliebt, wenn sie nicht zumindest einige Wünsche erfüllen würden. Daher sind sie auch nicht generell zu verteufeln. Allerdings sollten zuvor folgende Punkte bedacht werden:

- **Schönheitsoperationen sind nicht ungefährlich:** Es können Nebenwirkungen und Komplikationen auftreten, wie zum Beispiel Entzündungen, Schwellungen, Schmerzen und Thrombosen, die auch zum Tod führen können. Darüber hinaus scheinen sie mit psychischen Komplikationen einherzugehen, zum Beispiel mit einem erhöhten Selbstmordrisiko.[87] Das Ergebnis ist nicht immer befriedigend, sodass Nachoperationen und korrigierende Eingriffe durchgeführt werden müssen. Es kann auch sein, dass die operativ veränderte Körperpartie sich wieder in den Zustand zurückbildet, den sie vor der Operation hatte. Über die Langzeitwirkungen weiß man noch nicht viel, sodass mit bislang unbekannten Spätfolgen zu rechnen ist.
- **Schönheitsoperationen sind ethisch umstritten:** Man kann den Standpunkt vertreten, dass jeder über seinen Körper verfügen darf, wie er will, und dass vorhandene Techniken und Medikamente für alles eingesetzt werden dürfen, auch dafür, medizinische Maßnahmen an gesunden Körpern durchzuführen und unversehrte Körper absichtlich zu verletzen. Und da Schönheit ein hohes Gut ist, ist sie es wert, dass man dafür leidet. Man kann aber auch argumentieren, dass Operationen und Medikamente in erster Linie denjenigen vorbehalten sein sollten, die durch Unfälle, Krankheiten oder Fehlbildungen entstellt wurden oder beeinträchtigt sind, um ihnen ein normales Aussehen zurückzugeben und um ihnen wieder zu einem menschenwürdigen Dasein zu verhelfen. Die Medizin sollte also nur Kranken helfen und nicht etwa Gesunden, die lediglich nach so etwas Banalem streben wie nach äußerlicher Schönheit.[88]
- **Schönheitsoperationen sind teuer:** Manche dieser Operationen kosten so viel, dass lange darauf gespart oder dafür ein Kredit aufgenommen werden muss. Zu den Sorgen um das Ausse-

hen und den Ängsten vor der Operation kommen also auch noch finanzielle Probleme hinzu. Es stellt sich die Frage, ob Schönheitsoperationen diesen Aufwand wirklich wert sind oder ob das Geld nicht besser für etwas Sinnvolleres oder Wichtigeres ausgegeben werden sollte.

- **Schönheitsoperationen haben ein Suchtpotenzial:** Es kann sich auf zwei Arten entwickeln, nämlich zum einen durch Zufriedenheit mit dem Aussehen und durch Lob und Komplimente durch andere, zum anderen durch Unzufriedenheit. In beiden Fällen besteht der Wunsch, die Operation zu wiederholen, um entweder noch zufriedener zu werden und noch mehr Anerkennung zu bekommen oder um die Unzufriedenheit abzumildern und doch noch zufrieden zu werden. In beiden Fällen kann sich eine Eigendynamik mit Suchtcharakter entwickeln, aus der man meist nur mit therapeutischer Hilfe wieder herausfindet.
- **Schönheitsoperationen schaffen neue Probleme:** Es kommt öfter vor, dass sich Personen nach Eingriffen nicht wiedererkennen und sich nicht mit dem neuen Aussehen identifizieren können, dass sie also unter Selbstentfremdung leiden. Zwar haben sie sich die äußere Veränderung sehr gewünscht, aber zwischen Wunschtraum und Realität besteht dann doch ein großer Unterschied. Der neue Anblick ist ungewohnt und bleibt es vielleicht auch.
- **Schönheitsoperationen lösen keine Probleme:** Chirurgische Eingriffe und andere Maßnahmen, die der Verbesserung des Aussehens dienen, können nicht darüber hinwegtäuschen, dass das Kernproblem ein anderes ist, nämlich eine starke Unzufriedenheit mit dem eigenen Aussehen, die aus mangelndem Selbstwertgefühl und einem negativen Körperbild resultiert. Sie können auch nicht die Angst vor neuer Unzufriedenheit verhindern oder eine lebenslange Zufriedenheit gewährleisten. Schönheitsoperationen tragen üblicherweise nur partiell oder überhaupt nicht zur Problemlösung bei, weil die eigentlichen Ursachen nicht aufgedeckt werden.

Es zeigte sich in verschiedenen Studien,[89] die mit Patienten vor und nach Schönheitsoperationen durchgeführt wurden, dass die Zufriedenheit mit Schönheitsoperationen und kosmetischen Eingriffen relativ groß ist, wenn …

- keine körperdysmorphe Störung oder andere psychische Störungen vorliegen;
- primär und zugleich versucht wird beziehungsweise versucht wurde, die Probleme anzugehen, die ursächlich für die ausgeprägte Unzufriedenheit mit dem Aussehen sind;
- wenn es in erster Linie darum geht, normal auszusehen und nicht mehr aufzufallen, anstatt besonders attraktiv zu werden;
- wenn es darum geht, an Lebensqualität, Würde und Leistungsfähigkeit zu gewinnen oder diese wiederherzustellen;
- wenn Probleme mit der Selbstachtung nicht dominierend sind, das heißt, wenn nicht versucht wird, ausschließlich durch einen Eingriff mehr Achtung vor sich selbst zu gewinnen;
- wenn die Entscheidung nicht spontan und »aus dem Bauch« heraus gefällt wird, sondern nach sorgsamem Informieren und Abwägen der Vor- und Nachteile, und wenn der Wunsch schon länger besteht;
- wenn die Entscheidung nicht auf Wunsch, Druck oder Drängen von Partnern, Familienmitgliedern, Freunden und anderen getroffen wird;
- wenn die Entscheidung allein und nicht im Beisein von anderen getroffen wird;
- wenn der Wunsch nicht nur darauf basiert, so auszusehen wie jemand anderes oder es anderen gleichzutun;
- wenn keine Einsamkeit oder Beziehungsprobleme ausschlaggebend sind, die mit der Hoffnung einhergehen, durch ein verändertes Aussehen Freunde oder einen Partner zu gewinnen beziehungsweise eine Beziehung zu retten;
- wenn der Veränderungswunsch und das Ziel genau beschrieben werden können;
- wenn auch andere Menschen finden, dass ein Makel vorhanden ist;
- wenn genau beschrieben werden kann, wie der Makel das Denken, Fühlen und Verhalten beeinträchtigt;

- wenn der Chirurg klare Ziele festlegen kann;
- wenn Patient und Chirurg sich einig sind über die Ziele, die Maßnahmen, das Ausmaß der Veränderung und die Wahrscheinlichkeit, dass die Ziele erreicht werden können;
- wenn es um das eigene Wohlbefinden geht und nicht etwa darum, das Verhalten anderer mithilfe des neuen Aussehens zu beeinflussen;
- wenn realistisch vorhergesagt werden kann, wie sich Denken, Fühlen und Verhalten nach der Operation positiv verändern werden;
- wenn sich die erhofften Veränderungen in Selbstwertgefühl und Lebensqualität und die neuen Verhaltensmöglichkeiten auch tatsächlich einstellen beziehungsweise umsetzen lassen;
- wenn an die Operation realistische Hoffnungen und Erwartungen geknüpft werden.

Hinweis

Sofern auch nur eine dieser Voraussetzungen nicht vorhanden ist, sollten Sie von einer Schönheitsoperation Abstand nehmen. Sie sollten sich die Entscheidung für oder gegen einen Eingriff generell nicht leicht machen. Es kann zwar sein, dass Sie von einem Eingriff profitieren, er kann sich aber auch als falscher Schritt erweisen. Erwägen Sie daher immer erst möglichst viele andere Optionen. Einige davon sind in diesem Buch beschrieben. Weitere Hilfestellungen können Ihnen zum Beispiel Psychologen und Psychotherapeuten geben (s. Adressen und Informationen). Erst wenn Sie das alles ausprobiert haben, sollten Sie sich wieder mit der Entscheidung für oder gegen einen Eingriff befassen und sich ernsthaft fragen, ob er wirklich so sinnvoll und notwendig für Ihr Lebensglück ist. Die Entscheidung bleibt Ihnen allein überlassen, aber entscheiden Sie nicht leichtfertig.

3.4 Meinungen ändern

Wenn Sie zu einem eher negativen Körperbild neigen, sind Ihnen folgende Überlegungen und Zweifel sicher nicht fremd. Versuchen

Sie, die Argumente und Gegenargumente nachzuvollziehen und selbst in dieser Weise mit sich zu diskutieren.[90]

Sie glauben, dass alle sofort Ihre »Makel« bemerken und darauf starren

Überlegen Sie einmal, ob das wirklich stimmt. Gehen Sie dabei von sich aus: Was bemerken Sie als Erstes an einem Menschen? Seine »Makel«? Ganz bestimmt nicht. Viel eher machen Sie sich zunächst einen Gesamteindruck, zu dem unter anderem auch äußere Vorzüge oder Auffälligkeiten gehören. Allerdings bewerten Sie sie wahrscheinlich nicht oder nicht gleich, sondern stellen lediglich fest, dass Ihr Gegenüber in einer bestimmten Weise aussieht. Dann fallen Ihnen möglicherweise Details auf: schmale Hände, große Augen, lustige Sommersprossen, interessante Gesichtszüge. Vielleicht auch Narben, Falten oder eine Glatze. Sie nehmen es wahr und registrieren, dass es zu Ihrem Gegenüber gehört. Vielleicht schließen Sie anhand bestimmter Merkmale auf sein Alter, aber Sie stören sich kaum an seinem Aussehen. Warum auch? Es beeinträchtigt Sie ja in keinster Weise, und es geht Sie im Grunde auch nichts an. Und wenn Ihr Gegenüber ebenfalls kein Problem damit hat, dann ist ja alles in Ordnung.

Schließen Sie jetzt von sich auf andere Menschen. Diese werden Ihre »Makel« registrieren wie vieles andere an Ihnen auch, mehr passiert jedoch nicht. Außerdem werden sie kaum darauf starren. Erstens, weil sie meist mit anderen Dingen beschäftigt sind, und zweitens, weil es sehr unhöflich wäre. Vielleicht fällt ihnen Ihr »Makel« auch gar nicht auf, oder sie halten das, was für Sie ein »Makel« ist, nicht für einen solchen. Ihr Blick bleibt möglicherweise hin und wieder an dem »Makel« hängen – eher automatisch und unbewusst als gezielt und bewusst –, aber er wird dann wieder etwas anderem zugewendet, wenn keiner um den »Makel« Aufhebens macht.

Und falls trotzdem einmal jemand starren sollte – starren Sie doch einfach zurück. Oder lächeln Sie zurück. Sie tun dann nämlich etwas, was niemand erwartet. Es überrascht die Spötter und bringt sie aus dem Konzept. Wenn Spötter keine Reaktion bei Ihnen hervorrufen können, dann verlieren sie schnell das Interesse an Ihnen und unterlassen ihre unpassenden Blicke oder Bemerkungen. Sie können aber auch in die Offensive gehen. Sprechen Sie über Ihren »Makel«, ganz ruhig, ohne sich zu rechtfertigen oder zu entschuldigen, ohne Aufregung oder Selbstmitleid. Klären Sie auf, beantworten Sie Fragen, wenn es welche gibt, und haben Sie Verständnis dafür, dass Ihr Äußeres Neugier und Interesse weckt. Sie werden sehen, dass Ihre Verunsicherung schwindet, sobald Sie ins Gespräch mit anderen kommen, denn Sie können etwas berichtigen oder erläutern, und Ihr Gegenüber hat die Chance, Sie differenzierter zu sehen und als Mensch kennenzulernen (s. Kap. 3.9 und 3.10). Sie sollten generell den Mut aufbringen, sich mit Ihrem »Makel« in der Öffentlichkeit zu zeigen. Gehen Sie aus, und verstecken Sie sich nicht! Allerdings sollten Sie immer darauf achten, dass es Ihnen gut geht, wenn Sie unter die Leute gehen. Kleiden Sie sich schön, schminken oder frisieren Sie sich sorgfältig, achten Sie darauf, dass Sie so vorteilhaft wie möglich aussehen, genießen Sie ein leckeres Getränk oder eine gute Mahlzeit, oder sorgen Sie auf andere Weise für gute Laune und Wohlbefinden. Wenn Sie nämlich positiv gestimmt und entspannt sind, fühlen Sie sich sicher, achten sich selbst, haben auf andere eine positive Ausstrahlung und können es leichter mit Ihren Selbstzweifeln aufnehmen.

Auch anderen und der Gesellschaft tun Sie einen Gefallen, wenn Sie sich nicht zuhause verstecken. Indem Sie sich zeigen, werden Sie zum Beispiel für Menschen ein Vorbild, die ebenfalls unter einem »Makel« leiden und ein negatives Körperbild haben, denn sie sehen, dass Sie zu sich stehen und sich nicht schämen oder ängstigen. Seien Sie ein Vorbild, vor allem wenn Sie eine gut sichtbare Auffälligkeit haben. Zeigen Sie allen: »Ich muss mich nicht verstecken, ich gehöre genauso dazu wie jeder andere auch.« Je stärker Sie und andere Menschen, die mehr oder weniger stark von der Norm abweichen, in Kontakt treten mit der Gesellschaft, desto größer werden Verständnis, Toleranz und die Wahrscheinlichkeit, dass Menschen mit mehr oder weniger auffälligen körperlichen Eigenschaften nicht mehr unnötig stigmatisiert werden (s. Kap. 3.11).

Sie sind überzeugt, dass Sie sofort einen guten Eindruck machen müssen

Sie haben gehört, dass der erste Eindruck zählt und nicht mehr veränderbar oder rückgängig zu machen ist. Die sozialpsychologische Forschung hat herausgefunden, dass der erste Eindruck tatsächlich eine wichtige Rolle spielt, wenn zwei Personen zum ersten Mal aufeinandertreffen.[91] Wir alle besitzen eine Art Scanner, mit dem wir unser Gegenüber taxieren und innerhalb von Sekunden viele Informationen sammeln. Aufgrund dieses Mechanismus können wir ziemlich rasch abschätzen, wie alt, groß, kräftig und gebildet jemand ist, woher er kommt und wie er gelaunt ist. Wir erraten meistens auch seine Intention und seine Haltung uns gegenüber, zum Beispiel ob er freundlich oder feindlich gestimmt ist, ob er mit uns in Kontakt treten will, uns angreifen könnte oder nicht an uns interessiert ist. Für unser Überleben ist es wichtig, solche Dinge schnell herauszufinden, denn dann können wir passend reagieren und zum Beispiel freundlich lächeln, flüchten oder eine Abwehr vorbereiten.

Der erste Eindruck ist auch deshalb so bedeutsam, weil er über Sympathie und Antipathie entscheidet. Allerdings gilt dies nur für den ersten Moment und nicht zwangsläufig für den weiteren Verlauf einer Beziehung. Wie oft hört oder erlebt man, dass zwei Menschen, die sich zuerst überhaupt nicht leiden konnten oder nur mäßig aneinander interessiert waren, doch noch Freunde wurden? Oder dass sich zwei, die sich sofort sympathisch waren oder sich augenblicklich bis über beide Ohren ineinander verliebt haben, doch wieder auseinandergegangen sind?

Der erste Eindruck ist also revidierbar, zum Beispiel anhand von Handlungen, Beobachtungen, Informationen, Einstellungen, Denkweisen und Wesenszügen, die sich erst beim näheren Kennenlernen offenbaren. Daraus ergibt sich der zweite Eindruck, der völlig im Widerspruch zu dem stehen kann, was der erste Eindruck vermittelt hat. So ist beispielsweise ein kleiner, dicklicher Mann mit Halbglatze und Aknenarben im Gesicht kein Beau, aber er könnte sich vielleicht als charmant, großzügig, zuverlässig und einfallsreich erweisen. Vielleicht kann er andere zum Lachen bringen und ist deshalb bei den Frauen sehr begehrt. Sein Verhalten und sein Charakter machen vermeintliche Schwächen seines Aussehens mehr als wett. Und er besitzt offenbar Vorzüge, die vom weiblichen Geschlecht höher bewertet werden als glatte Haut, volles Haar und ein muskulöser Körper.

Das bedeutet: Jeder, egal wie er aussieht, hat eine zweite Chance. Der erste Eindruck ist zwar nicht zu unterschätzen, aber so einflussreich, wie man immer sagt, ist er auch wieder nicht. Jeder kann Sympathien gewinnen, nicht nur durch äußere Merkmale, sondern auch durch Persönlichkeit und das eigene Verhalten.

Sie sind überzeugt davon, dass ein perfektes Aussehen sehr wichtig ist

Das eigene Aussehen dient immer mehr Menschen zur Selbstverwirklichung und Selbstdarstellung – jeder will das Beste aus sich herausholen, so gut wie möglich aussehen und seine Individualität durch sein Äußeres unterstreichen. Darüber hinaus sind wir auch anspruchsvoller im Hinblick auf das Aussehen geworden. Zu unserem Anspruchsdenken beigetragen hat die Tatsache, dass immer mehr machbar und veränderbar wurde. Zum Beispiel müsste dank kosmetischer, medizinischer und chirurgischer Fortschritte heute im Prinzip niemand mehr mit abstehenden Ohren oder Zahnlücken herumlaufen, wie es früher der Fall war.

Die vielfältigen Möglichkeiten, die uns mittlerweile zur Verfügung stehen, machen uns glauben, dass wir uns für ein gutes Aussehen bewusst entscheiden können. Wir sind überzeugt, dass wir es in der Hand haben, wie wir aussehen, und dass ein attraktives Erscheinungsbild nur eine Frage des Willens, der Anstrengung und der Investitionsbereitschaft ist. Daher bewundern wir Menschen und eifern ihnen nach, die in ihr Aussehen investieren, und haben kaum Verständnis für solche, die es offensichtlich nicht tun oder sich nicht genug anstrengen. Das Aussehen wird damit zu einem Leistungsstandard und Wertmaßstab, den wir an andere Menschen und an uns selbst anlegen und der für unsere Sicht und Beurteilung anderer bestimmend ist (s. Kap. 1.2).

Trotzdem wirkt Perfektion nicht immer sympathisch. Stellen Sie sich vor, Sie hätten eine neue Kollegin bekommen, die nicht nur bildhübsch, sondern auch stets tadellos gekleidet, frisiert und geschminkt ist. Sie fällt nie aus der Rolle und wirkt stets glatt und geradezu perfekt. Wollen Sie mit dieser Person befreundet sein? Wäre es Ihnen sympathisch, dass sie sich stets im Griff hat, während Sie ab und zu Fehler machen oder weniger perfekt gekleidet sind? Wahrscheinlich nicht. Der Grund dafür ist, dass die Kollegin wenig menschlich wirkt. Gerade das Menschliche zieht uns jedoch an, weil es uns natürlicher erscheint als das Perfekte. Menschen, die weniger perfekt in allem sind, haben mal gute und mal schlechte Tage, erleben Tiefpunkte und Höhepunkte, sind angreifbar und verletzlich, aber auch nachvollziehbar und zugänglich. Genau deshalb schließen wir sie in unser Herz und verzeihen ihnen ihre kleinen Schwächen und Makel gern. Seien Sie also unbesorgt, wenn Ihr Aussehen nicht den gängigen Schönheitsidealen entspricht – man wird Sie trotzdem oder gerade deshalb sympathisch finden.

Stellen Sie sich einmal vor, Sie seien blind. Sie hätten also überhaupt keine Chance, Ihre Mitmenschen nach dem Äußeren zu beurteilen. Und dennoch könnten Sie sich ein Bild von ihnen machen – vielleicht sogar ein besseres als mit den Augen. Denn Sie werden nicht von einer Fassade geblendet, sondern könnten und müssten auf ganz andere Dinge achten, beispielsweise auf die Stimme, vor allem aber darauf, was andere Menschen denken, sagen und tun – dies alles sagt oft viel mehr über jemanden aus als sein Äußeres. Wenn Sie also nicht nur oder gar nicht auf das Aussehen achten würden (oder könnten), hätten Sie die Gelegenheit, Ihr Gegenüber viel differenzierter, genauer und eventuell sogar treffender zu beurteilen.

Möglicherweise hilft es Ihnen auch, Ihre Anspruchshaltung zu überdenken. Wenn Sie sehr perfektionistisch veranlagt sind und nur Einwandfreies akzeptieren können, dann machen Sie sich und anderen das Leben schwer! Es ist nicht Ihr unperfekter Körper, der Sie unglücklich macht, sondern der Wunsch, perfekt auszusehen. Es könnte sein, dass Ihr »Makel« und der Wunsch, ihn loszuwerden, viel zu viel Platz in Ihrem Leben einnehmen, wohingegen eine Menge andere, positive Aspekte in Ihrem Leben ins Hintertreffen gerät und von Ihnen übersehen oder nicht genug geschätzt wird. Bemühen Sie sich daher, ein Gleichgewicht der verschiedenen As-

pekte herzustellen, und versuchen Sie, Ihre Ansprüche zu senken und weniger perfektionistisch zu sein.
Im Übrigen interessiert das Aussehen nicht jeden. Es gibt Menschen, die sich weder aus dem eigenen Aussehen noch aus dem Aussehen anderer etwas machen. Sie sehen sich und andere als Gesamtheit mit vielen Eigenschaften und geben daher auch jenen eine Chance, die äußerlich vielleicht weniger attraktiv sind. Menschen mit dieser Haltung machen es anderen Menschen leichter, zu zeigen, wer sie wirklich sind, und sie tragen dazu bei, dass das Aussehen nicht überbewertet wird.

Sie glauben, dass andere Sie wegen Ihres Aussehens ablehnen könnten

Es ist nicht auszuschließen, dass Sie von jemandem von vornherein abgelehnt werden. Allerdings passiert dies sehr selten, und die Ursache muss nicht bei Ihnen liegen. Vielleicht lehnt Sie dieser Jemand ab, weil Sie ihn an eine Person erinnern, die er fürchtet oder über die er sich geärgert hat. Vielleicht mag er generell ein bestimmtes äußeres Merkmal nicht, was bedeutet, dass er alle Menschen mit diesem Merkmal ausnahmslos ablehnt, inklusive Sie. Vielleicht ist er auch unflexibel im Denken, kann Vielfalt nicht ertragen und ist zudem intolerant. Wenn Sie solch einer Person in die Quere kommen, haben Sie einfach Pech gehabt. Das Problem liegt aber eher bei dieser Person als bei Ihnen. Nehmen Sie daher eine solche Ablehnung nicht persönlich, und meiden Sie solche Personen, wenn es geht.

Sie befürchten, dass Ihr Aussehen zu falschen Schlüssen verleitet

»Leider sieht man mir nicht an, dass ich …«, »Ich sehe äußerlich ganz anders aus als ich innerlich bin …« Haben Sie solche Gedanken? Empfinden Sie eine Diskrepanz zwischen Ihrem Aussehen und Ihrem Selbst? Das geht nicht nur Ihnen so. Es gibt zum Beispiel Menschen, die laut Geburtsurkunde schon über achtzig sind, sich aber wie vierzig fühlen. Auch kommt es vor, dass jemand, der im Rollstuhl sitzt, sportlicher und aktiver ist als so mancher Unversehrte. Ein weiteres Beispiel sind Personen, die sehr zierlich und leicht wirken, aber trampeln wie ein Elefant, während andere äußerlich plump wirken, sich aber sehr wendig, schnell und leise bewegen. Es gibt noch viele weitere Beispiele dafür, dass man mit einer oberflächlichen Einschätzung falschliegen kann. Zum Glück gibt es aber noch viele weitere Eindrücke – und das ist Ihre Chance. Wenn Sie vielleicht denken: »Mein Körper wirkt gedrungen, bestimmt glaubt jeder, dass ich ziemlich unbeweglich bin, aber das stimmt gar nicht!«, dann überraschen Sie doch Ihre Mitmenschen einmal mit dem Gegenteil: Zeigen Sie, dass Sie ein flotter Tänzer sind oder etwas anderes können, das man Ihnen aufgrund Ihres Aussehens vielleicht nicht zugetraut hätte.

Sie glauben, dass Sie Ihr Aussehen verändern müssen, damit Sie sich akzeptieren können

Sie sind der Meinung, dass es bei Ihrem Wunsch, etwas zu verändern, nur um Ihr Aussehen geht. Aber könnte es in Wirklichkeit nicht noch viele andere Bereiche in Ihrem Leben geben, die Sie gerne ändern würden? Die Änderung des Aussehens könnte dann der Ausgangspunkt sein, von dem alle anderen Veränderungen ausgehen. Sie sagen sich vielleicht: »Wenn ich endlich eine schönere Nase hätte, dann würde ich mir und anderen besser gefallen und dann ginge es mir besser.« Ihnen geht es also eigentlich nicht nur um die Nase, sondern auch darum, von anderen akzeptiert zu werden und sich selbst akzeptieren zu können. Sie aber konzentrieren sich so sehr auf Ihre Nase, dass Sie übersehen, wo Ihre eigentlichen Bedürfnisse oder Probleme liegen. Vielleicht dient Ihnen Ihre Nase auch als Ausrede, denn indem Sie Ihrer Nase die Schuld an Ihrer Unzufriedenheit geben, haben Sie einen Sündenbock gefunden, auf den Sie alles schieben können – das hilft Ihnen aber leider nicht weiter.

Versuchen Sie daher einmal, umgekehrt vorzugehen: Überlegen Sie, um was es Ihnen eigentlich geht. Wären Sie gerne stärker in eine menschliche Gemeinschaft eingebunden, fehlen Ihnen eine liebevolle Familie, zuverlässige Freunde oder ein Partner? Oder haben Sie andere Bedürfnisse, die nicht erfüllt werden? Wenn Sie ehrlich zu sich sind, werden Sie schnell darauf kommen, was Ihnen fehlt oder was Ihnen an Ihrem Leben nicht gefällt. Machen Sie sich dann daran, Ihre Probleme zu lösen. Lesen Sie Bücher wie dieses, schauen Sie sich Ratgebersendungen an oder lassen Sie sich beraten, beobachten Sie, wie andere Leute mit denselben Problemen umgehen, ändern Sie etwas an Ihren Lebensumständen, schreiben Sie sämtliche Ideen auf, die Ihnen spontan in den Kopf kommen, und probieren Sie etwas Neues aus. Parallel dazu könnten Sie lernen, sich (wieder) mit Ihrem Körper anzufreunden und ihn zu akzeptieren. Sie werden sehen, dass Sie schon bald überhaupt nicht mehr daran denken, Ihre Nase oder sonst einen Körperteil verändern zu wollen.

Sie glauben, dass Ihr Leben angenehmer wäre, wenn Sie besser aussähen

Wenn Sie dieser Meinung sind, dann leben Sie in einer Warteschleife. Sie harren aus, bis sich endlich an Ihrem Aussehen etwas ändert – zum Beispiel durch eine geplante Schönheitsoperation oder eine Gewichtsabnahme – und erlauben sich vorher nicht, das Leben zu genießen. Das ist schade, denn Sie verpassen so manches. Und Garantien, dass Ihr Leben durch diese geplanten Maßnahmen wirklich besser wird, gibt es auch keine.

Ein vermeintlich besseres Aussehen bedeutet nicht, dass Ihnen automatisch die Herzen Ihrer Mitmenschen zufliegen. Der springende Punkt ist nämlich nicht Ihr Äußeres, sondern Ihr Verhalten. Wenn Sie offen und warmherzig auf andere Menschen zugehen, werden sie Sie wahrscheinlich sympathisch finden. Überlegen Sie sich, was außer einer körperlichen Veränderung Ihr Selbstwertgefühl stärken könnte. Denn Sie brauchen natürlich nicht darauf zu verzichten, anerkannt und geliebt zu werden, nur weil Sie nicht dem gängigen Schönheitsideal entsprechen.

Sie glauben, dass Ihr Aussehen Ihr Leben bestimmt

Wenn Sie Ihr Aussehen zu Ihrem Schicksal machen, zwingen Sie sich selbst in eine passive Rolle. Um dies zu ändern, können Sie sich an anderen orientieren. Denken Sie zum Beispiel an Personen, die Ihrer Meinung nach deutlich attraktiver oder weniger attraktiv sind als Sie. Es können Personen aus Ihrem Umfeld sein, aber auch Prominente. Glauben Sie, dass ihr Aussehen für die Erfolge und

Misserfolge dieser Personen maßgeblich verantwortlich ist? Oder sind es nicht vielmehr andere Dinge, die Einfluss ausüben, wie zum Beispiel Persönlichkeit, Ehrgeiz, Fähigkeiten, Intelligenz oder Zufall? Vermutlich ist Letzteres der Fall. Sie können daher zum eigenen Erfolg oder Misserfolg viel beitragen, wenn Sie aufhören, Ihrem vermeintlich nicht attraktiven Aussehen die Verantwortung für Ihr Leben zu übertragen.

3.5 Das Selbstwertgefühl stärken

Das Selbstwertgefühl ist entscheidend, wenn es darum geht, ein gutes Verhältnis zum eigenen Körper aufzubauen.[92] Denn wenn das Gefühl, als Mensch etwas wert zu sein, stabil und ausgeprägt ist, kann es durch kaum etwas erschüttert werden – auch nicht durch Kritik am Aussehen oder andere negative Erfahrungen. Es wirkt nämlich wie ein Schutzschild gegen unfaire Angriffe. Obendrein verhindert es, dass Selbstzweifel überhandnehmen und dass sich Unzufriedenheit breit machen kann.

Das eigene Selbstwertgefühl zu stärken bedeutet natürlich nicht, so weit zu gehen, bis man sich überschätzt oder für unangreifbar hält. Ein selbstkritisches Hinterfragen der eigenen Person und positive Veränderungen sollten immer möglich sein. Aber es ist beruhigend, zu wissen, dass man im Grunde in Ordnung ist und auf sich selbst vertrauen kann.

Der Weg zu einem positiven Körperbild führt über das Selbstwertgefühl und nicht umgekehrt. Ein weitverbreitetes Missverständnis besteht darin, zu glauben, dass ohne ein gutes Aussehen kein starkes Selbstwertgefühl möglich ist. Diese Annahme wird von all denjenigen Menschen widerlegt, die im herkömmlichen Sinne weniger attraktiv sind, die sich aber mehr schätzen und selbstbewusster sind als so manche Person, die dem gängigen Schönheitsideal eher entspricht. Es ist daher falsch, zu glauben, dass sich mit einer Schönheitsoperation oder einer Diät alle anderen Probleme, zum Beispiel ein geringes Selbstwertgefühl, von selbst erledigen. Sie sollten Ihr Selbstwertgefühl daher nicht zu sehr – besser überhaupt nicht – von Ihrem Aussehen abhängig machen.

Das Selbstwertgefühl lässt sich auf ganz unterschiedliche Arten positiv beeinflussen. Hier einige Beispiele:

Positive Erfahrungen machen

Wenn Sie Ihr Leben auf dem Sofa verbringen, ist das vielleicht gemütlich, aber Ihr Selbstwertgefühl können Sie damit nicht stärken. Hilfreich ist, wenn Sie sich Aufgaben und Herausforderungen suchen, die Sie weder über- noch unterfordern, auf die Sie Einfluss haben und die in relativ kurzer Zeit zu kleinen Erfolgen führen (können). Sie erleben sich dadurch als kompetente Person, die Pläne schmieden, Ziele setzen und Vorhaben bis zum Ende durchführen kann. Weitere positive Erfahrungen können Sie machen, wenn Sie sich beispielsweise in einer schwierigen Situation bewähren, wenn Sie über den eigenen Schatten springen müssen oder wenn andere sich auf Sie verlassen können. Sie können dann nicht nur stolz auf sich sein, sondern erfahren auch viel Anerkennung und Dankbarkeit durch ihre Mitmenschen, was Ihr Selbstwertgefühl ebenfalls stärkt.

Die eigenen Stärken und Schwächen kennen

Versuchen Sie herauszufinden, wo Ihre Stärken und Schwächen liegen. Denken Sie zum Beispiel an Ihre Interessen, Hobbys und Leistungen in der Kindheit und Jugend. Was hat Ihnen Spaß gemacht? Worin waren Sie gut? Überlegen Sie auch, was Sie heute können und leisten und welche Eigenschaften und Fähigkeiten Sie selbst an sich schätzen. Denken Sie daran, welche Krisen und Schwierigkeiten Sie überstanden und welche Herausforderungen Sie erfolgreich gemeistert haben. Fragen Sie auch andere Personen, was Sie an Ihnen gut finden und wo Sie sich noch verbessern könnten. Sie erfahren auf diese Weise, dass Sie stark und wertvoll sind und dass andere Sie mögen, auch wenn Sie nicht perfekt sind.

Sich behaupten

Sagen Sie auch mal »nein«, und setzen Sie Grenzen. Wehren Sie sich gegen eine unfaire Behandlung, und zeigen Sie, dass man mit Ihnen nicht alles machen kann, weil Sie sich selbst achten und respektieren. Ergründen Sie Ihre Ziele, Wünsche und Bedürfnisse, und verleugnen Sie sie nicht, sondern suchen Sie Wege, um sie zu realisieren.

Gute Beziehungen aufbauen

Ob andere Menschen Sie mögen, hängt vor allem davon ab, wie Sie sich Ihnen gegenüber verhalten. Erzählen Sie von sich, zeigen Sie Gefühle, und vertreten Sie Ihre Meinung. Hören Sie aber auch zu, interessieren Sie sich für andere, und fühlen Sie sich in sie ein. Auf diese Weise können Sie lebendige, wechselseitige Beziehungen aufbauen und vermeiden langweilige und einseitige. Gute Beziehungen helfen Ihnen wiederum, sich selbst wertzuschätzen und Anerkennung zu erfahren.

Authentisch sein

Seien Sie der, der Sie sind, und versuchen Sie nicht, andere nachzuahmen. Leben Sie nach Ihren Prinzipien, und gehen Sie Ihren Weg, ohne sich allzu sehr von anderen beeinflussen zu lassen. Versuchen Sie stets, Gedanken, Gefühle und Verhalten in Einklang zu bringen. Handeln Sie nicht gegen sich selbst, sondern stehen Sie zu sich.

Im Hinblick auf eine Stärkung Ihres Selbstwertgefühls können Ihnen vielleicht auch folgende Aussagen und Merksätze hilfreich sein:

- Jeder Mensch kann ein starkes Selbstwertgefühl und eine positive Beziehung zu sich und anderen haben, unabhängig von seinem Aussehen.
- Ein schwaches Selbstwertgefühl ist nicht unabänderlich, sondern kann verbessert und gestärkt werden.
- Nicht das Aussehen macht uns glücklich, sondern wir uns selbst. Aber wir machen uns unglücklich, wenn wir immer anders sein wollen, als wir sind. Das Aussehen muss nicht bestimmen, wie wir uns fühlen.
- Nicht der »Makel« ist das Problem, sondern die ständige Beschäftigung damit.
- Wer glaubt, perfekt aussehen zu müssen, hat eigentlich nur Angst, von anderen abgelehnt oder angegriffen zu werden.

- Auch wer körperlich sehr attraktiv ist, hat nicht nur Vorteile. Er wirkt vielleicht unerreichbar und eingebildet und wird daher eher abgelehnt als eine weniger attraktive Person.
- Eine intensive Beschäftigung mit dem Aussehen kann eine Flucht vor anderen Problemen sein. Wenn diese Probleme erkannt und gelöst werden, wird das Äußere (fast) unwichtig.
- Niemand gefällt allen Menschen, selbst diejenigen nicht, die dem gängigen Schönheitsideal entsprechen.

3.6 Sich von Normen distanzieren

Regeln und Normen sind sinnvoll und wichtig für unser Zusammenleben. Allerdings können sie auch unnötig sein oder schaden. Das ist vor allem dann der Fall, wenn die Regeln von uns verlangen, dass wir Teile unserer Persönlichkeit unterdrücken oder verleugnen oder dass wir uns selbst nicht akzeptieren. Schönheitsideale sind Normen, die uns auf diese Weise beeinflussen können. Sie machen es uns schwer, unser Aussehen anzunehmen und mit ihm zufrieden zu sein, und sie verlangen von uns, anders auszusehen, als wir es eigentlich tun. Wenn wir uns den Schönheitsidealen bedingungslos unterordnen, riskieren wir, dass wir uns aufgeben und zu Marionetten werden.
Es ist daher sinnvoll, sich zu überlegen, wie man sich in kleinen Schritten von den übermächtigen gesellschaftlichen Normen und Idealen frei machen kann und wie man seine eigenen Normen im Hinblick auf Schönheit und Aussehen finden kann.
Das bedeutet nicht, alle Regeln zu ignorieren, sich überhaupt nicht mehr anzupassen und aus der Rolle zu fallen. Damit tun Sie niemandem einen Gefallen, im Gegenteil, Sie ecken an, bekommen eine Menge Probleme und erreichen gar nichts. Es geht vielmehr darum, sich mehr oder weniger stark von dem, was vorgegeben wird, zu distanzieren, vor allem von Normen, die unfair sind, Ihr Selbstwertgefühl negativ beeinflussen und Ihnen nicht guttun. Wenn Sie beginnen, Normen zu hinterfragen, Ihren eigenen Normen auf die Spur zu kommen oder sich ganz neue, wohltuende Normen zu setzen, dann können Sie schon bald viel lockerer und

ungezwungener mit Ihrem Körper umgehen. Sie entspannen sich, weil Sie freier sind und es sich erlauben können, Sie selbst zu sein. Und Sie müssen nie mehr so sein, wie andere es gerne hätten. Mit folgenden Strategien können Sie daran arbeiten, sich von den gängigen Normen zu befreien:

Lösen Sie sich von gängigen Idealen und Normen, und entwickeln Sie eigene

Dass Sie sich verschiedenen Regeln und Normen anpassen, ist völlig in Ordnung, schließlich möchten Sie friedlich mit anderen Menschen zusammenleben und von ihnen gemocht und anerkannt werden. Es gibt jedoch unterschiedliche Formen der Anpassung oder der Konformität, die mehr oder weniger sinnvoll und nützlich sind. Das eine Extrem sind Menschen, die sich überhaupt nicht anpassen. Für sie gelten keine Normen, höchstens ihre eigenen, was egoistisch und exzentrisch wirkt und zu zwischenmenschlichen Problemen führt. Das andere Extrem sind Menschen, die sich sehr stark anpassen. Sie tun alles, was ihnen vorgegeben wird, ohne zu widersprechen oder eigene Ideen zu entwickeln, weil es erstens für sie bequem ist, wenn sie sich keine eigenen Gedanken zu machen brauchen und wenn sie nicht für eine Sache einstehen, kämpfen oder sich gegen Widerstände durchsetzen müssen. Zweitens glauben sie, auf der sicheren Seite zu sein, denn wenn sie alles tun, was andere sagen, können sie theoretisch nichts falsch machen (das ist allerdings ein Trugschluss, weil man es nie allen recht machen kann). Drittens haben sie keine oder verhältnismäßig wenig Probleme mit anderen, zumindest werden sie seltener angegriffen, ausgelacht oder ausgeschlossen.

Allerdings gibt es auch einige Nachteile der Konformität: Stark angepasste Menschen wissen zum Beispiel nicht, wer sie eigentlich sind, weil sie sich nur mit den Augen der anderen sehen und sich darüber definieren, ob sie deren Regeln und Normen einhalten. Außerdem sind sie gezwungen, Normen zu akzeptieren, auch wenn sie sie nicht gut finden, wenn sie nicht zu ihnen passen oder wenn sie ihnen sogar schaden. Darüber hinaus sind sie nie Trendsetter, sondern immer nur Mitläufer und humpeln hinterher. Sie entwickeln sich auch nicht weiter, weil sie sich nicht trauen, eigene Wege zu gehen.

Im Hinblick auf das Aussehen besteht die Kunst nun darin, den richtigen Weg zwischen sinnvoller Anpassung und Nichtanpassung an gesellschaftliche Normen zu finden. Um diesen Weg beschreiten zu können, sollten Sie sich fragen, wie stark Sie sich von Schönheitsnormen beeinflussen lassen. Denken Sie, dass Sie unbedingt extrem schlank (als Frau) oder sehr muskulös (als Mann) sein müssen, um attraktiv zu sein? Finden Sie die Personen, die in Mode- und Fitnessmagazinen abgebildet sind, unglaublich gutaussehend? Bemühen Sie sich, diesen Idealen zu entsprechen, indem Sie zum Beispiel kosmetische und chirurgische Eingriffe vornehmen lassen, streng Diät halten oder Muskelaufbautraining betreiben? Gefallen Ihnen auch Menschen mit einem anderen Aussehen? Anhand von ehrlichen Antworten auf solche Fragen können Sie feststellen, ob Sie eher zu den stark Angepassten oder zu den weniger Angepassten im Hinblick auf Schönheitsideale zählen. Sofern Sie wenig angepasst sind, werden Sie kaum Mühe damit haben, sich von den gesellschaftlichen Schönheitsidealen ein Stück weit zu verabschieden und allmählich zu einer Person zu werden, die voll und ganz zu sich steht. Sind Sie hingegen stark angepasst, sollten Sie sich fragen, weshalb das so ist. Werden Sie von Ihrer Familie, Ihren Freunden oder von Ihrem Partner dazu in irgendeiner Weise gedrängt? Haben Sie Angst, negativ aufzufallen, ausgelacht oder geschnitten zu werden, wenn Sie sich nicht anpassen? Oder befürchten Sie, dass Sie im Leben keinen Erfolg haben werden, wenn Sie nicht so aussehen, wie man es von Ihnen erwartet?

Ergründen Sie Ihre Motive, und überlegen Sie dann, wie es wäre, wenn Sie mehr oder weniger stark von den gängigen Idealen und Normen abweichen und offen dazu stehen würden. Wäre es wirklich so schlimm, wenn Sie nicht ganz so schlank oder muskulös wären, wenn Sie ein paar Falten mehr hätten oder ein Körperteil (oder mehrere) nicht perfekt wären? Was würde passieren? Würden Sie wirklich ständig angestarrt oder ausgelacht werden? Würden andere Menschen tatsächlich hinter Ihrem Rücken über Sie spotten? Würden Sie wirklich keinen Partner finden oder keine Karriere machen? Würde die Welt untergehen? Wenn Sie realistisch

sind, dann wissen Sie, dass das Schlimmste höchstwahrscheinlich nicht eintritt.
Fragen Sie sich zudem, was Sie außerhalb der gängigen Schönheitsideale attraktiv oder hübsch finden. Denken Sie zum Beispiel an Menschen, die Sie kennen, oder schauen Sie sich an Orten um, wo viele Menschen zusammenkommen, beispielsweise in einem Zug, auf einem Markt oder in einer Fußgängerzone. Versuchen Sie, bei jedem Menschen etwas zu entdecken, das gut aussieht und ihn einzigartig macht, was aber nicht den gängigen Schönheitsidealen entspricht. Mit der Zeit merken Sie, dass Sie sehr vieles schön finden können und sich nicht mehr am Massengeschmack orientieren müssen.
Überlegen Sie anschließend, welche körperlichen Merkmale Sie haben, die andere schön finden könnten, auch wenn es keine Merkmale gängiger Schönheitsideale sind. Wenn Sie Probleme damit haben, dann fragen Sie Freunde oder Ihren Partner. Sie werden sehen: Man muss nicht wie Ken oder Barbie aussehen, sondern kann auf eine ganz individuelle Art schön sein. Außerdem sollten Sie immer wieder daran denken, dass auch das Äußere von vielen Aspekten abhängt, nämlich vom Gesichtsausdruck, von Körpersprache, Charaktereigenschaften, Selbstakzeptanz und Verhalten. Erst das Zusammenspiel dieser vielen Faktoren bestimmt, wie andere Menschen Sie wahrnehmen.
Wenn Sie das alles beherzigen, wird es Ihnen auch nicht mehr schwerfallen, sich selbst zu entdecken und Ihre Individualität in einem günstigen Licht erscheinen zu lassen. Sie hören dann nämlich nicht mehr auf diejenigen, die Ihnen einflüstern wollen, dass Sie nicht in Ordnung sind und Ihr Aussehen verändern müssen. Sie machen sich keinen Druck mehr und lassen sich auch von anderen keinen machen. Sie wissen, dass nichts Schlimmes passieren kann, wenn Sie Ihren Typ positiv betonen, anstatt jeden Modetrend mitzumachen (vor allem, wenn er Ihnen überhaupt nicht steht). Sie können es akzeptieren, dass nicht jeder Mensch Sie attraktiv findet; schließlich können Sie es ja auch aushalten, dass anderen Menschen vielleicht Ihr Auto oder Ihr Beruf nicht gefällt. Sie haben realistische Ansprüche an Ihr Aussehen, rennen keiner Modelfigur mehr hinterher und wollen schon gar nicht aussehen wie jemand anderes.

Denn Sie kämpfen nicht mehr gegen sich, sondern arbeiten für sich.

Entziehen Sie sich der Macht der Medien

Stellen Sie sich vor, Sie würden schlecht hören. Würden Sie dann unbedingt als Musiker arbeiten wollen? Oder stellen Sie sich vor, Sie hätten kurze, verkrümmte Beine. Würden Sie dann für den Staffellauf bei Olympia trainieren? Wahrscheinlich nicht. Denn Sie wüssten genau, dass Sie diese Tätigkeiten zwar ausüben können, aber dass Sie es niemals an die Weltspitze bringen würden, weil Ihnen schlichtweg die körperlichen Voraussetzungen fehlen und weil Sie wissen, dass sich zwar vieles mit Training und Ehrgeiz kompensieren lässt, aber dass alles seine Grenzen hat. Sie sehen die Sache realistisch, und das ist gut so, denn diese Sichtweise bewahrt Sie vor unnötigen Kosten, Mühen und Enttäuschungen.
Umso verwunderlicher ist dann, dass es vielen Menschen (vielleicht auch Ihnen) nicht gelingt, beim Thema Aussehen ebenso vernünftig zu sein. Statt sich mit durchschnittlich aussehenden Menschen zu vergleichen, messen sie sich mit Menschen, die am stärksten den gängigen Schönheitsidealen entsprechen. Sie wollen in der obersten Liga mitspielen, ohne zu berücksichtigen, dass Ihnen vielleicht die grundlegenden Voraussetzungen fehlen.
Wenn Sie beispielsweise nicht über 1,78 Meter groß (als Frau!) und übermäßig schlank sind, dann brauchen Sie überhaupt nicht versuchen, wie die mageren Gazellen auf den Laufstegen zu wirken. Und wenn Sie nicht von Natur aus einen kräftigen Körperbau haben und Muskeln nur mit sehr viel Mühe aufbauen können, dann sollten Sie auch nicht danach streben, wie ein Bodybuilder auszusehen. Denn jeder Körper hat seine Möglichkeiten und Grenzen, und sehr viele Körper, vielleicht sogar die meisten, bringen einfach nicht das komplette Set an Ausstattungsmerkmalen mit, die das Schönheitsideal vorschreibt.
Eine Möglichkeit, dieses Problem zu umgehen, besteht darin, die Macht, die Medien und Werbung über uns haben, zu verringern. Hier einige Tipps dazu:

- Erkundigen Sie sich über Medien und Werbung. Lernen Sie, welche Botschaften Werbefirmen, Marketingfachleute für Nahrungsmittel und Mode, Journalisten, Buchautoren oder Fernsehleute vermitteln, welche Techniken sie einsetzen, was sie erreichen wollen und wie sie vorgehen. Sie werden sehen: Auch wenn Sie vorgeben, dass Sie Ihr Leben verbessern wollen, indem sie Sie dabei unterstützen, attraktiver zu werden, und indem Sie Ihnen weismachen, dass auch Sie zur perfekten Schönheit unabhängig von Ihren körperlichen Voraussetzungen werden können, interessiert sie letztlich nur eines: Geld zu verdienen mit Ihrer Unsicherheit und Ihren Ängsten.
- Machen Sie sich klar, dass Medien und Werbung ganz bestimmte Typen von Menschen zeigen und den Rest ausschließen. Aber so ist die Welt nicht! Sie ist zum Glück viel bunter und abwechslungsreicher und lässt viel mehr Spielraum an Schönheit zu. Gegen die Realität ist alles, was Medien und Werbung abbilden, geradezu eintönig, berechenbar und fantasielos.
- Meiden Sie Medien, Werbung und Veranstaltungen, die Sie daran erinnern, dass Sie nicht perfekt aussehen. Aus der Forschung ist bekannt, dass viele Menschen mit ihrem Aussehen eigentlich ganz zufrieden sind. Sobald sie aber Models, Schauspieler oder andere extrem attraktive Menschen sehen, vergleichen Sie sich damit und finden sich selbst weniger attraktiv. Sie leiden darunter, werden unzufrieden und wollen sich verändern, was nicht passiert wäre, wenn sie nicht mit dem Anblick gängiger Schönheitsideale massiv konfrontiert worden wären. Wenn Sie solche Reaktionen auch bei sich beobachten, dann sollten Sie bewusst auf Zeitungen und Zeitschriften, Sendungen, Fotos, Filme, Internetseiten oder Modeschauen verzichten, wo Ihnen besonders attraktive Körper vorgeführt werden – Sie werden sehen, dass Sie sich dadurch besser fühlen (das gilt auch für Männer!).
- Kontrollieren Sie den Einfluss von Medien auf Ihr Denken, Fühlen und Verhalten. Fragen Sie sich immer wieder: Was machen diese Bilder und Filme mit mir? Wie ergeht es mir damit? Suchen Sie sich gezielt Medien aus, die Ihrem Selbstwertgefühl

und Ihrem Körperbild nicht schaden, und blenden Sie alles andere bewusst aus.

- Ignorieren Sie die meisten Ratschläge, die Ihr Aussehen betreffen. In Büchern und Zeitschriften, im Fernsehen und Internet werden in der Regel nur allgemeine Tipps und Ratschläge gegeben, die nicht auf Sie persönlich abgestimmt sind. Machen Sie nicht alles mit, sondern lassen Sie sich individuell beraten, und suchen Sie Wege, um Ihre persönlichen Stärken zu entdecken und zu betonen.
- Fühlen Sie sich nicht als Opfer von Medien und Werbung. Sie sind ihnen nicht ausgeliefert, sondern können sich ihnen widersetzen. Sagen Sie sich, dass Sie nicht aussehen müssen, wie die Menschen in den Medien und in der Werbung, um sich akzeptieren zu können. Glauben Sie nicht alles, was Ihnen die Werbung zeigt, sondern machen Sie sich Ihre eigenen Gedanken. Hören Sie auf Ihre eigene innere Stimme, dann liegen Sie nie falsch.

Suchen Sie sich neue Vorbilder und Ideale

Ideale sind Produkte einer Epoche, einer Gesellschaft oder eines Kulturkreises. Sie variieren und verändern sich mit der Zeit. Eines haben sie jedoch alle gemeinsam: Sie sind normativ, das heißt, sie enthalten die Aufforderung, sich an ihnen zu orientieren und nach ihnen zu streben, und sie sind per se unerreichbar (s. Kap. 1.2). Aus diesem Grund bereiten die gängigen Schönheitsideale vielen Menschen Kummer und Kopfzerbrechen.

Ideale können aber auch im übertragenen Sinne Leitbilder sein und sich auf Einstellungen und Haltungen beziehen. Das ist der Fall, wenn wir uns beispielsweise vornehmen, toleranter und großzügiger gegenüber uns und anderen Menschen zu sein und über Nichtperfektion hinwegzusehen. Oder indem wir anerkennen, dass es viele Arten, Formen und Ausprägungen von Schönheit gibt. Ideale, die auf diese Weise verstanden und angewendet werden, sind nützlich und hilfreich und erlauben es uns, selbst herauszufinden, was wir schön finden. Wir können dann auch eher verstehen, dass es viele Ideale geben kann, oft gleichzeitig und parallel, und dass Menschen ganz individuelle Ideale haben. Außerdem können wir

uns öffnen für neue Gedanken und Fragen, zum Beispiel: Wie wäre die Welt ohne Schönheitsideale? Warum ist es überhaupt nötig, sich an Schönheitsidealen zu orientieren? Wie wichtig sind Schönheitsideale eigentlich? Sind nicht andere Werte und Ideale wie zum Beispiel Frieden oder soziale Gerechtigkeit viel wichtiger?
Wenn wir mit unserem Körper in Einklang leben wollen, müssen wir Schönheitsideale relativieren und ihnen weniger Bedeutung in unserem Leben einräumen. Hierbei können wir uns an Menschen orientieren, für die die gängigen Schönheitsideale keine oder nur eine geringe Rolle spielen:

- Denken Sie einmal an Menschen, die Sie weniger schön finden, die aber offenbar nicht unglücklich wegen ihrer geringen Attraktivität sind. Wie gehen sie mit Schönheitsidealen und ihrer Abweichung davon um? Wie verhalten sie sich? Was denken sie über ihr Aussehen? Lassen sie sich davon unterkriegen, dass sie nicht im herkömmlichen Sinne gutaussehend sind?
- Stellen Sie sich jemanden vor, der die gleichen »Makel« hat wie Sie, aber offenbar nicht darunter leidet. Was macht er anders? Woran könnte es liegen, dass er sich nicht an seinen »Makeln« stört oder seine »Makel« gar nicht als solche empfindet? Was könnten Sie von ihm lernen und auf sich selbst anwenden?
- Überlegen Sie nun, ob Sie jemanden kennen, der sich von Schönheitsidealen so gut wie nicht beeinflussen lässt. Was geht in ihm vor? Welche Haltung hat er gegenüber gängigen Schönheitsidealen? Könnten Sie diese Haltung übernehmen?

In wissenschaftlichen Studien wird berichtet, dass Menschen mit folgenden Eigenschaften überdurchschnittlich zufrieden mit ihrem Aussehen sind: Menschen im höheren Alter, Menschen, die in ländlicher Umgebung leben, Menschen, in deren Berufen oder Hobbys es nicht aufs Aussehen ankommt, Menschen, die in glücklichen Partnerschaften leben, religiöse Menschen, Menschen, die nicht dem westlichen Kulturkreis angehören und sich auch nicht daran orientieren sowie Menschen, die wenig Werbung sehen und Medien nur selten nutzen.[93] Ihnen ist gemeinsam, dass sie andere Wertmaßstäbe haben und dem Aussehen weniger Bedeutung zu-

messen als der Durchschnittsmensch der westlichen Welt. Außerdem stehen sie kaum unter dem Einfluss von Werbung und Medien und werden daher auch nur selten mit den gängigen Schönheitsidealen konfrontiert. Dies trägt offenbar zu ihrem Seelenfrieden bei und verhindert, dass sie unzufrieden mit ihrem Äußeren werden.
Solche Menschen können als Orientierung oder Vorbilder dienen, um sich von gängigen Schönheitsidealen zu distanzieren, sich weniger davon beeinflussen zu lassen und um zufriedener zu werden. Machen Sie es den Zufriedenen nach. Immunisieren Sie sich folgendermaßen gegen Unzufriedenheit:

- Denken Sie positiv über Ihr Aussehen.
- Akzeptieren Sie Ihren Körper trotz Nichtperfektion.
- Zeigen Sie Respekt gegenüber Ihrem Körper, und kümmern Sie sich um die Befriedigung Ihrer körperlichen Bedürfnisse.
- Beschäftigen Sie sich weniger mit Ihrem Aussehen, und lenken Sie Ihre Aufmerksamkeit stattdessen auf andere und wichtigere Dinge.
- Überfordern Sie sich nicht durch zu hohe Ansprüche an Ihr Äußeres und durch unrealistische Ideale.
- Werden Sie insgesamt gelassener, und nehmen Sie vieles – vor allem das Aussehen – nicht mehr so ernst und wichtig.
- Suchen Sie sich befriedigende Betätigungen, und schöpfen Sie daraus Kraft.

Setzen Sie keine neuen Normen

Auch wenn Sie mittlerweile Normen, vor allem die gängigen Schönheitsideale, hinterfragen, könnte es vielleicht sein, dass Sie neue Normen setzen, ohne sich dessen bewusst zu sein. Das passiert, wenn Sie zum Beispiel in der Öffentlichkeit stehen oder eine Führungsrolle innehaben. Wann immer Sie auftreten, werden Sie genau taxiert. Ihr Aussehen, Ihr Kleidungsstil, Ihre Frisur und andere äußere Merkmale werden von vielen Menschen als Standard oder Vorgabe aufgefasst, denen sie sich anpassen. Sofern Sie sich im üblichen Rahmen bewegen, ist das nicht weiter bedenklich. Wenn Sie aber zum Beispiel ein Sänger, Model, Schauspieler, Lehrer oder sonst eine Person sind, zu der Jugendliche und junge Erwachsene aufschauen, dann sollten Sie sich Ihrer Verantwortung bewusst sein und beispielsweise nicht ständig Extremdiäten machen oder sich Schönheitsoperationen unterziehen. Denn Ihr Aussehen und Ihr Verhalten haben Signalwirkung und stiften viele Menschen zum Nachahmen an. Helfen Sie anderen, mit ihrem Körper zufriedener zu sein, indem Sie auf Exzentrik und auffällige Körperveränderungen verzichten.

Versuchen Sie auch, sich zurückzuhalten, wenn Sie Vater, Mutter, Bruder oder Schwester sind. Indem Sie ein Familienmitglied häufig wegen seines Aussehens kritisieren, setzen Sie Normen, nämlich wie jemand auszusehen hat, damit er Ihnen gefällt oder von Ihnen in Ruhe gelassen wird. Nicht jeder kann diese Normen jedoch erfüllen, vielleicht sind sie sogar unerfüllbar. Geben Sie daher anderen Familienmitgliedern die Chance, sich in Ruhe zu entwickeln und sich individuell auszudrücken, zum Beispiel durch einen bestimmten Kleidungs- oder Frisurenstil. Üben Sie keine Kritik, und machen Sie keine Vorgaben. Kümmern Sie sich stattdessen um Ihr eigenes Wohlbefinden. Falls Sie unsicher sind, ob Sie Normen setzen, sollten Sie andere Menschen fragen und mit ihnen besprechen, welche Auswirkungen Ihr Verhalten hat.

Vergleichen Sie sich nicht mehr

Durch Vergleichen mit anderen Personen, vor allem mit solchen, die wir für deutlich attraktiver halten als uns selbst, tun wir uns keinen Gefallen, weil wir grundsätzlich schlechter abschneiden und uns dadurch minderwertig fühlen (s. Kap. 3.1). Eine Lösung dieses Problems liegt darin, das Vergleichen deutlich zu reduzieren oder sogar ganz zu lassen.

Um das zu erreichen, können Sie sich überlegen, was Sie einer Person raten würden, die sich ständig mit anderen vergleicht und dadurch unglücklich wird.

Außerdem ist es wichtig, sich selbst zu beobachten: Mit wem vergleichen Sie sich? Ist der Vergleich fair, das heißt, haben Sie eine realistische Chance, dabei auch mal gut abzuschneiden? Wann vergleichen Sie sich und wann nicht? Vergleichen Sie sich zum Beispiel vor allem dann, wenn Sie besonders attraktive Menschen sehen?

Wie fühlen Sie sich, wenn Sie sich vergleichen beziehungsweise wenn Sie auf den Vergleich verzichten?
Sich zu vergleichen führt in der Regel zu ungünstigen Gefühlen und Reaktionen: Wir fühlen uns unterlegen und hässlich, wenn wir uns mit sehr attraktiven Menschen vergleichen und entwickeln zudem Neidgefühle. Wenn wir uns hingegen *nicht* vergleichen, können wir unsere Energien und Gedanken dazu verwenden, uns damit zu befassen, was wir tun könnten, damit wir uns wohl in unserer Haut fühlen. Wir sind dann auch in der Lage, uns mit unserem Äußeren auszusöhnen und anzufreunden und können uns über das gute Aussehen anderer Menschen neidlos freuen und es ihnen gönnen. Kurz: Vergleichen bereitet Kummer, sich nicht zu vergleichen macht hingegen frei.

3.7 Gut zu sich sein

Menschen, die Probleme mit dem Körperbild haben, sind oft selbst ihre größten Feinde. Das kann sich darin äußern, dass sie ihre eigenen Wünsche und Bedürfnisse ignorieren, dass sie sich nicht bemühen, sie kennen zu lernen, dass sie sich nichts gönnen oder für sich nichts Gutes tun. Und dass sie schlecht von sich denken und unfreundlich mit sich reden.
Mit sich selbst reden? Das hört sich zunächst ungewöhnlich an. Tatsächlich führen aber die meisten Menschen innerlich und in Gedanken fast ständig mit sich selbst Gespräche, sofern sie sich nicht gerade auf etwas anderes konzentrieren.[94] Die stumme Zwiesprache richtet sich dabei entweder direkt an die eigenen Person (»Du sieht heute wieder schrecklich aus!«) oder bleibt ohne direkten, persönlichen Bezug (»Gut gemacht!«).
Ein schwaches Selbstwertgefühl und ein negatives Körperbild gehen oft mit gedanklichen Selbstgesprächen einher, welche die ohnehin schon beeinträchtigte Verfassung oder Selbstzweifel verstärken (»Du bist ein Versager!«, »Dich kann niemand leiden!«). Positive und zuversichtliche Gedanken (»Du siehst heute blendend aus!«, »Du kriegst das hin!«) kommen hingegen nur selten oder überhaupt nicht vor. Selbstgespräche, die hauptsächlich das Nega-

tive verstärken, können sehr belasten und die bestehenden Probleme vergrößern. Außerdem haben sie einen ungeahnten Einfluss auf unsere Stimmung und unser Selbstwertgefühl. Denn es ist anzunehmen, dass wir das, was wir sehr häufig zu hören bekommen oder selbst gedanklich oder laut aussprechen, irgendwann glauben und nicht mehr hinterfragen. Das gilt für positive Inhalte wie für negative.

Wenn wir uns über viele Jahre hinweg mehrmals täglich abwerten, beschimpfen oder beleidigen, werden wir irgendwann davon überzeugt sein, dass wir nichts wert sind, und wir wehren uns auch nicht, wenn sich andere uns gegenüber genauso abwertend verhalten – schließlich haben wir es uns ja selbst eingeredet. Umgekehrt funktioniert es jedoch genauso: Wenn wir uns häufig loben, beglückwünschen oder einfach etwas Nettes zu uns sagen, werden wir uns mit der Zeit für einen wertvollen, angenehmen und liebenswerten Menschen halten. Wir werden mit uns selbst gut klarkommen und auch anderen freundlich und tolerant gegenübertreten können. Kritik oder Misserfolge können uns dann nicht mehr so leicht erschüttern, und wir werden das Gefühl haben, dass unser Leben lebenswert ist.

Wir können aber nicht nur unser Selbstwertgefühl und unser Bild, das wir von unserem Körper haben, durch innere Gespräche steuern, sondern auch unser Verhalten. Das ist zum Beispiel dann nützlich, wenn es darum geht, unser Verhalten den neuen, konstruktiveren Gedanken anzupassen. Folgende Gedanken mit anschließendem Verhalten sind zum Beispiel konstruktiv: »Ich sehe im Großen und Ganzen gut aus. Dass ich mir im Augenblick selbst nicht gefalle, liegt nicht an meinem Körper, sondern möglicherweise an der Hose. Wenn ich mir eine andere anziehe, bin ich bestimmt zufrieden mit meinem Aussehen.« Mithilfe von positiven Selbstgesprächen können wir uns also auffordern, uns neutral zu betrachten, anstatt mit unserem Körper zu hadern. Wir fixieren uns nicht auf ihn, sondern bleiben ruhig und können überlegen, wie wir unser Aussehen vorteilhafter zur Geltung bringen können. Wir stellen vielleicht fest, dass dazu ein anderes Kleidungsstück, ein anderes Brillengestell oder eine neue Frisur beitragen könnte. Sobald wir etwas ändern, kommen wir unseren Zielen – mehr

Selbstwertgefühl und ein positives Körperbild – ein Stück näher. Denn wir haben konkret etwas unternommen, anstatt uns selbst wütend und verzweifelt anzustarren und unseren Körper komplett hässlich zu finden.
Folgendes können Sie tun, um mit sich selbst freundlich und respektvoll umzugehen:

Beenden Sie negative Selbstgespräche konsequent

Sagen Sie »Stopp!«, wenn Sie bemerken, dass Sie schlecht über sich denken oder abwertend mit sich reden. Lassen Sie es nicht zu, dass Ihre negativen Gedanken nicht enden oder immer wieder auftreten, indem Sie sich zum Beispiel ablenken und auf etwas anderes konzentrieren oder indem Sie mit sich ein bewusstes Gespräch führen: »Du hast dir selbst versprochen, dich nicht mehr abzuwerten oder zu beschimpfen. Also lass es jetzt bleiben. Wenn du dir schon etwas zu sagen hast, dann nur etwas Neutrales oder Positives!« Anschließend sollten Sie sich bemühen, auch danach zu handeln. Es könnte allerdings sein, dass Ihnen Ihr negativer Gedankenfluss gar nicht bewusst auffällt, aber dass er Sie trotzdem beeinflusst. Dann könnte ein Gedankentagebuch hilfreich sein. Nehmen Sie einfach ein Schulheft, einen Notizblock oder ein Buch mit leeren Seiten, und stellen Sie einen Wecker, der Sie von morgens bis abends einmal pro Stunde oder alle zwei Stunden durch sein Klingeln daran erinnern soll, dass Sie einen Eintrag machen sollten. Notieren Sie Datum, Uhrzeit, welche Gedanken Ihnen gerade durch den Kopf gehen und wie Ihre Stimmung ist. Sie können auch festhalten, was Sie zu den jeweiligen Gedanken veranlasst hat. Auf diese Weise erhalten Sie ein recht genaues Bild von Ihren Gedanken und Stimmungen und werden auf Gedanken aufmerksam, die Sie sonst nicht weiter beachtet und gleich wieder vergessen hätten. Führen Sie Ihr Tagebuch ein bis zwei Wochen lang, und lesen Sie sich anschließend Ihre Einträge durch. Stellen Sie dabei fest, wie häufig und in welcher Weise Sie schlecht oder gut über sich denken, was diese Gedanken auslöst und wie Ihre Stimmung dadurch beeinflusst wird. So finden Sie sicherlich schnell einige Ansatzpunkte, um negativen Gedanken und Stimmungen Einhalt zu gebieten oder sie gar nicht erst zuzulassen.

Gehen Sie respektvoll mit sich um

Werfen Sie sich selbst manchmal gedanklich Dinge an den Kopf, die Sie nicht mal Ihrem ärgsten Feind sagen würden? Ein solches Verhalten ist natürlich Gift für Ihre Selbstachtung. Was können Sie stattdessen tun? Schlüpfen Sie, wenn Sie über sich nachdenken oder mit sich sprechen, in zwei verschiedene Rollen: In die Rolle eines Außenstehenden, am besten eines Freundes, und in die Rolle als Sie selbst. Denken Sie an etwas, das Ihnen Probleme bereitet, zum Beispiel dass Sie einen beruflichen Fehler begangen haben oder dass Sie das Gefühl haben, nicht genug Zeit mit Ihren Kindern oder mit Ihrem Partner zu verbringen. Überlegen Sie nun, Sie wären Ihr Freund und wollten dieses Thema ansprechen, vielleicht sogar Kritik oder Missfallen äußern. Wie würde Ihr Freund vorgehen? Vermutlich sehr vorsichtig und rücksichtsvoll. Er würde Andeutungen machen, er würde versuchen, sich in Sie hineinzuversetzen und Ihre Situation und die Position anderer Personen zu verstehen. Da er Sie schätzt und Sie nicht kränken möchte, würde er keine harten Worte wählen und auch keine offene oder scharfe Kritik äußern. Er würde sich vielmehr an das Thema herantasten und bestimmte Grenzen wahren. Wie würden Sie sich dabei fühlen?

Sie würden durchaus verstehen, dass Sie kritisiert werden. Da die Kritik jedoch in einer Weise geäußert wird, die Sie annehmen können, regt sich in Ihnen nicht sofort Widerstand. Sie sind auch nicht gekränkt, beleidigt oder meinen, sich rechtfertigen oder zurückschlagen zu müssen. Stattdessen merken Sie, dass man es im Grunde gut mit Ihnen meint und dass Ihnen Verständnis entgegengebracht wird, und Sie erfahren Unterstützung oder erhalten Hilfe bei einer Problemlösung.

Wenn Sie nun mit sich selbst sprechen oder über sich nachdenken, dann verhalten Sie sich wie Ihr Freund in unserem Beispiel: taktvoll, nicht aggressiv, höflich und voller Respekt. Verletzen Sie sich nicht selbst, sondern begegnen Sie sich wie jemandem, den Sie trotz allem unbedingt als Freund behalten wollen. Sollten Sie doch einmal zu weit gehen, dann tun Sie das, was Freunde auch tun: Entschuldigen Sie sich bei sich selbst, und geloben Sie sich Besserung.

Machen Sie sich selbst Komplimente

Sich selbst Komplimente machen? Ist das nicht ungehörig? Nein, denn es dient ja einem guten Zweck. Auf diese Weise stärken Sie nämlich Ihr Selbstwertgefühl und verbessern Ihre Stimmung. Darüber hinaus sind Sie unabhängig von »Streicheleinheiten« durch andere und müssen nicht mehr (vielleicht vergeblich) darauf warten, dass andere Ihnen Komplimente machen.

Überlegen Sie sich aufmunternde Sätze, die Sie selbst gerne hören würden. Es sollten Sätze sein, hinter denen Sie stehen können und die Ihnen weder übertrieben vorkommen noch peinlich sind. Sätze wie »Ich bin der Größte!« sind eher ungeeignet, wohingegen Sätze wie »Ich glaube an mich!«, »Ich finde mich gut!« oder »Das habe ich prima hingekriegt!« schon eher geeignet sind. Üben Sie sich darin, sich mehrmals am Tag etwas Nettes zu sagen, bis es irgendwann wie von selbst geschieht.

Wenn es für Sie anfangs schwierig ist, an Ihre aufmunternden Sätze zu denken, dann suchen Sie sich etwas, das Sie regelmäßig erinnert, zum Beispiel der Stundenschlag einer Kirchturmuhr oder ein anderes akustisches oder optisches Signal. Jedes Mal, wenn Sie es sehen oder hören, denken Sie etwas Angenehmes über sich selbst, bis Sie keinen äußeren Taktgeber mehr benötigen und selbstständig in der Lage sind, sich durch positive Gedanken etwas Gutes zu tun.

Versuchen Sie, sich besonders im Hinblick auf Ihr Aussehen etwas Positives zu sagen, ob laut oder leise, selbst wenn es Ihnen schwerfällt. Vielleicht hilft Ihnen die Vorstellung, eine rosarote Brille aufzuhaben. Betrachten Sie sich dann selbst mit Ihrem rosaroten Blick, das heißt, betrachten Sie sich mit Wärme, Wohlwollen und Freundlichkeit. Tolerieren Sie es, dass Sie nicht perfekt aussehen, und erfreuen Sie sich an den Körperpartien, die Sie für gelungen halten. Sagen Sie sich immer wieder: »In meinen Augen bin ich schön!«, und bleiben Sie dabei, unabhängig davon, wie andere Sie sehen oder was sie denken und sagen.

Sich gut zuzureden und nett zu sich selbst zu sein ist vor allem in Krisen und bei Tiefpunkten, Rückschlägen und Misserfolgen wichtig und hilfreich. Gerade dann vergessen wir nämlich meistens, dass wir uns selbst am nächsten sind und niemand sonst. Lassen Sie sich in solchen Situationen nicht von negativen Gefühlen und Stimmungen überwältigen, und lassen Sie nicht zu, dass Selbstvorwürfe und -zweifel überhandnehmen. Setzen Sie stattdessen den inneren Dialog gezielt dazu ein, um anständig und fair mit sich umzugehen, um sich Mut und Trost zuzusprechen und um sich Hoffnung zu machen, dass die Zeiten auch wieder besser werden.

Legen Sie sich ein dickeres Fell zu

Wenn Sie in Ihrem Leben schon häufig gekränkt wurden, dann kann es sein, dass Sie recht dünnhäutig geworden sind und dass Sie jede Kritik oder vermeintlich abschätzige Blicke nur schwer ertragen können. Vielleicht werden dadurch auch immer wieder alte Wunden aufgerissen. Dann wird es höchste Zeit, dass Sie sich einen seelischen Schutzpanzer zulegen.

Stellen Sie sich vor, dass Sie eine sehr starke Rüstung besitzen, die Sie absolut zuverlässig von Kopf bis Fuß schützt. Sie brauchen diese Rüstung nur anzuziehen, und schon kann Sie nichts und niemand mehr wirklich treffen. Die Rüstung funktioniert hervorragend, aber damit sie ihre Aufgabe erfüllen kann, muss sie regelmäßig getragen und sehr gut gepflegt werden. Sie müssen ihr also Zeit und Aufmerksamkeit widmen, vor allem am Anfang, wenn Sie sich an sie gewöhnen. Ihre Rüstung besteht aus folgenden Gedanken: »Ich muss niemandem gefallen außer mir selbst«, »Sollen sie doch reden, was sie wollen – das ist mir völlig egal«, »Ich habe diese oder jene Besonderheit – na und? Was geht das andere Leute an?«, »Wenn es ihnen nicht passt, sollen sie doch wegschauen!«, »Das Leben geht weiter!«, und: »Ich bin in Ordnung, so wie ich bin.« In diesen Worten schwingt ein wenig Stolz und Trotz, Widerstand und Gleichgültigkeit gegenüber der Meinung anderer mit. Natürlich sollte die Gleichgültigkeit nicht überhandnehmen, denn schließlich müssen und wollen Sie mit Ihren Mitmenschen weiterhin gütlich zusammenleben. Aber ein wenig Gleichgültigkeit tut jedem gut, der von der Meinung anderer abhängig ist. Es geht also darum, sich ein Stück weit zu distanzieren von Meinungen und Normen, die andere Menschen, die Gesellschaft, die Medien, die Werbung oder sonst irgendjemand an Sie herantragen. Es gilt, sich eine eigene

Meinung zu bilden und zu dieser zu stehen, auch wenn sie anderen Meinungen widerspricht.

Auch Gesten wirken positiv

Gespräche bestehen nicht nur aus den Worten, auch Gestik und Mimik gehören dazu. Der ganze Körper redet mit, wenn wir denken oder sprechen. Gedanken übertragen sich auf die Muskeln und Gelenke und drücken sich über Körpersprache aus. Umgekehrt beeinflusst auch die Haltung des Körpers die Gedanken und Gefühle. Es besteht also eine enge Wechselwirkung zwischen beidem. Dies lässt sich nutzen, um mehr Selbstachtung zu gewinnen und das eigene Körperbild zu verbessern. Hierfür stehen mehrere Übungsmöglichkeiten zur Verfügung.

- **Mit dem Körper:** Probieren Sie einmal aus, welche Gefühle sich einstellen, wenn Sie aufrecht sitzen oder sich gerade hinstellen, den Kopf leicht anheben, die Brust ein wenig herausstrecken und ihre Muskeln leicht anspannen beziehungsweise das Gegenteil davon tun. Was passiert, wenn Sie die Mundwinkel zu einem Lächeln nach oben ziehen oder wenn Sie sie nach unten ziehen? Vermutlich werden Sie sich bei Ersterem wach, munter, unternehmungslustig und gut gelaunt fühlen, bei Letzterem schlaff, träge und traurig. Sie können also mit Ihrer Körperhaltung und mit Ihrer Mimik gezielt Ihre Stimmung beeinflussen.
- **Vor dem Spiegel:** Setzen Sie sich vor einen Spiegel, schließen Sie mehrere Minuten lang die Augen, und denken Sie an etwas, das Sie sehr wütend oder traurig macht. Nun öffnen Sie die Augen und registrieren, wie Ihr Körper diese Gedanken und Gefühle ausdrückt. Wahrscheinlich werden Ihre Gesichtszüge, Ihre Gliedmaßen und Ihr ganzer Körper angespannt und verkrampft sein und tendenziell nach unten weisen. Machen Sie anschließend den Gegenversuch, und denken Sie an etwas sehr Schönes, Romantisches oder Lustiges. Wie sehen nun Ihr Gesicht, Ihre Arme und Beine und Ihr gesamter Körper aus? Alles wird vermutlich locker und entspannt sein und tendenziell nach oben weisen, auch Ihre Mundwinkel – wahrscheinlich werden Sie lächeln. Wie fühlen Sie sich, wenn Sie sich selbst anlächeln?

Wahrscheinlich sehr gut.
Stellen Sie sich außerdem vor, Sie wären ein Fremder und würden sich zum ersten Mal sehen. Was könnte der Fremde denken, wenn er Sie sieht, während Sie gerade an etwas Positives oder Negatives denken? Wie wirken Sie auf ihn? Was verrät ihm Ihre Körpersprache über Sie? Sie lernen bei dieser Übung, dass Ihr Körper Ihre Gedanken und Gefühle widerspiegelt und dass Sie Ihren körperlichen Ausdruck durch Gedanken und Gefühle beeinflussen können.

- **Mit anderen Menschen:** Nun machen Sie den Test mit Menschen, denen Sie täglich begegnen. Denken Sie einmal etwas Negatives, und achten Sie auf die Reaktionen der anderen. Wahrscheinlich werden Sie einen mürrischen oder betrübten Gesichtsausdruck haben, die Schultern hängen lassen und eine gebeugte Körperhaltung einnehmen, woraufhin Sie vielleicht gefragt werden, ob es Ihnen nicht gut geht. Denken Sie anschließend an etwas Positives, und warten Sie wieder auf die Reaktionen. Wahrscheinlich werden Sie lächeln und einen fröhlichen Gesichtsausdruck haben und mit erhobenem Kopf, offenen Armen und gestrafftem Körper Ihres Weges gehen. Andere Menschen werden Sie nach dem Grund für Ihre gute Laune fragen und sich von ihr anstecken lassen, sie werden sich mit Ihnen freuen oder Ihnen zumindest freundlich begegnen.

Sie sehen: Sie können Ihre Körperhaltung und Ihre Stimmung beeinflussen. Nutzen Sie dieses Wissen, indem Sie sich möglichst oft selbst mithilfe Ihrer Gedanken und Ihrer Körperhaltung mental, emotional und körperlich in eine positive Gesamthaltung versetzen.
Sollten Sie das ab und zu vergessen, dann tragen Sie etwas bei sich, das Sie daran erinnert, zum Beispiel ein Schmuckstück, einen Stein, eine Kastanie oder etwas anderes. Und jedes Mal, wenn Sie es berühren, sagen Sie zu sich: »Tu dir was Gutes, und lächle dich an!«

Relativieren Sie die Bedeutung des Äußeren

Bedenken Sie, dass das Empfinden, wie attraktiv Sie sich fühlen, mehr Einfluss auf Ihre Lebensqualität hat als Ihre tatsächliche Attraktivität. So kann zum Beispiel eine Person, die überhaupt nicht den vorherrschenden Schönheitsidealen entspricht, zufriedener mit sich und ihrem Körper sein und daher mehr Lebensqualität besitzen als eine wesentlich »besser« aussehende Person. Das gelingt ihr vor allem auch deshalb, weil sie weiß, dass das Aussehen nur einen Teil der eigenen Person ausmacht, also dass sie nicht ihr Äußeres ist. Sie weiß auch, dass ihr Äußeres zwar zum Gesamteindruck beiträgt, aber dass noch viele weitere Aspekte hinzukommen, zum Beispiel was sie sagt und tut, was sie kann und wie sie sich anderen Menschen gegenüber verhält. Den eigentlichen Unterschied macht also nicht das Äußere aus, sondern wie man über sich denkt.

Außerdem liegt Attraktivität immer auch im Auge des Betrachters. Es gibt nicht wenige Menschen, die eine Schönheitskönigin überhaupt nicht attraktiv finden und keinesfalls so aussehen wollen. Dass man von anderen Menschen als schön und attraktiv empfunden wird, lässt sich also nicht erzwingen.

Hinter dem Wunsch, attraktiv sein zu wollen, steckt oft der Wunsch, andere Menschen auf sich aufmerksam zu machen, ihnen sympathisch zu sein und sie als Partner oder Freunde zu gewinnen. Körperliche Schönheit kann natürlich Türen öffnen (s. Kap. 1.2) – mehr aber auch nicht. Und auch nicht immer. Um andere Menschen im wahrsten Sinne des Wortes anzuziehen, sind daher keine Diäten, Stylings oder Trainings vonnöten. Es gelingt auch mit anderen Mitteln, beispielsweise mit Charme, Interesse, Hilfsbereitschaft und mit vielen anderen Eigenschaften, die anderen Menschen gefallen und ihnen begehrenswert erscheinen.

Verzeihen Sie sich

Was alle Menschen miteinander verbindet ist ihre Menschlichkeit. Das bedeutet, dass jeder Mensch einzigartig ist, Dinge richtig oder falsch macht, Vorzüge und Fehler hat. Manche Menschen aber lernen von Kindesbeinen an, dass sie es in sämtlichen Bereichen des Lebens zur Perfektion bringen sollten. Allerdings sind uns allen Grenzen gesetzt, die wir auch früher oder später erreichen. Die Pro-

zesse stagnieren, und die Anstrengungen laufen ins Leere. Im Hinblick auf das Aussehen bedeutet das, dass wir unseren Körper nur bis zu einem gewissen Grad verändern können. Darüber hinaus können Krankheiten, Unfälle, Alterungsprozesse und andere Ereignisse unsere Pläne durchkreuzen und uns dazu zwingen, uns mit einem veränderten Äußeren abzufinden. Das kann gelingen, wenn wir uns selbst als einzigartige menschliche Wesen betrachten, die sich entwickeln, verändern und viele Facetten haben.
Veränderungen können sowohl positiv als auch negativ sein, manchmal auch beides gleichzeitig. Wir empfinden es vielleicht als negativ, dass wir mit den Jahren Falten bekommen oder an Gewicht zunehmen, positiv ist jedoch, dass wir mit dem Alter innerlich reifer werden und dass wir durch verschiedene Erfahrungen gelassener werden können. Denn es ist ein Gewinn, sich vom Perfektionismus zu verabschieden und sich zu sagen: »Es gehört zum menschlichen Dasein dazu, nicht perfekt zu sein und Fehler zu haben.« Indem wir so denken oder zu uns sprechen, verzeihen wir uns, dass wir unperfekt sind. Damit befreien wir uns von großem Ballast und können Frieden mit uns schließen.

Falls Sie Schwierigkeiten damit haben, sich diese Ratschläge zu merken, schreiben Sie sie einfach auf, zum Beispiel auf eine Tafel, in ein Notizbuch oder auf einen Zettel. Letzterer hat den Vorteil, dass Sie ihn anheften können, beispielsweise an die Kühlschranktür, neben den Badspiegel, an den Computerbildschirm oder an einen anderen Platz, den Sie häufig sehen. Einen Zettel können Sie außerdem immer bei sich tragen und ihn herausholen, wenn Sie warten müssen und es Ihnen langweilig ist oder wenn Sie ein Stimmungstief haben. Wenn Sie öfters das tun, was Sie sich auf dem Zettel notiert haben, dann werden Sie sich die Gedanken und Verhaltensweisen irgendwann einprägen. Sie werden sich ganz leicht daran erinnern, und es wird Ihnen nicht schwerfallen, für sich selbst jemand zu werden, der Sie an die Hand nimmt und aus einem Tief herausführt.

3.8 Mit dem Körper Freundschaft schließen

Um sich den eigenen Körper zu einem Freund zu machen – vielleicht zum besten Freund, den Sie haben –, können Sie vorgehen wie bei anderen Freundschaften auch. Überlegen Sie, wie Sie sich mit anderen Menschen angefreundet haben. Zuerst haben Sie natürlich das Äußere gesehen. Es war Ihnen wahrscheinlich sympathisch, was übrigens nicht gleichbedeutend damit ist, dass Sie Ihren zukünftigen Freund äußerlich sehr attraktiv gefunden haben müssen.

Denn wenn Sie ehrlich sind, dann sind wahrscheinlich die meisten Ihrer Freunde, wenn nicht sogar alle, eher durchschnittlich attraktiv. Dennoch mögen und achten Sie sie, was zeigt, dass das Aussehen zwar eine Rolle spielt, aber keine übermäßige. Sympathisch kann nämlich vieles sein, sogar oder vor allem Abweichungen von der Norm, denn sie machen Menschen unverwechselbar und individuell, und vermeintliche »Makel« werden in diesem Zusammenhang oft gar nicht als solche wahrgenommen.

Das Äußere wird im Laufe der Zeit ohnehin immer unwichtiger, denn bereits beim näheren Kennenlernen geht es um ganz andere Fragen: Teilt unser Gegenüber unsere Einstellungen, Erfahrungen und Interessen? Finden wir gemeinsame Gesprächsthemen und Freizeitbeschäftigungen? Vertragen wir uns gut? Ergänzen wir uns? Verstehen wir uns auch ohne Worte? Vertrauen wir uns gegenseitig, und können wir uns aufeinander verlassen? Haben wir aneinander aufrichtiges Interesse? Tun wir uns gut, und meinen wir es gut miteinander? Stimmt die Chemie, dann suchen wir automatisch die Nähe des Anderen. Wir rufen uns gegenseitig an, besuchen uns, unternehmen etwas miteinander und wachsen allmählich zusammen. Schwierigkeiten und Krisen sind oftmals Prüfungen für eine Freundschaft. Werden sie überstanden, festigt das die Freundschaft umso mehr.

Der Beginn einer Freundschaft mit dem eigenen Körper könnte also folgendermaßen ablaufen:

Phase 1: Betrachten Sie Ihren Körper wie jemanden, den Sie zum ersten Mal sehen

Stellen Sie sich vor einen Spiegel, und sehen Sie Ihren Körper einfach nur an. Denken Sie nichts, und bewerten Sie Ihren Körper auf keinen Fall. Mustern Sie ihn neutral von oben bis unten und ohne Emotionen, und registrieren Sie wie ein Buchhalter seine Merkmale: Wie groß und schwer ist er? Wie alt ist er? Ist er männlich oder weiblich? Wem in seiner Verwandtschaft sieht er ähnlich – dem Vater, der Mutter, den Geschwistern, den Großeltern oder einer anderen Person? Ist er gesund? Ist er in Form oder vernachlässigt? Wie kräftig ist er? Wie schnell kann er rennen oder sich bewegen? Was kann er heben oder tragen? Wie gut riecht, hört, sieht und schmeckt er? Wie tief und lang schläft er? Wie anfällig ist er für Krankheiten? Welche Erkrankungen, Operationen, Verletzungen und andere Belastungen hat er hinter sich? Wo sind die Spuren der Belastungen? Bereitet er oft Sorgen und Probleme, zum Beispiel Schmerzen? Wie oft muss er zum Arzt? Wie viel Freude kann man mit ihm haben? Was tut ihm gut? Wie regeneriert er sich am besten? Was benötigt er, um in Form zu bleiben? Welche Vor- und Nachteile hat das Leben in ihm und mit ihm? Welche Phasen hat er im Laufe des Lebens durchgemacht? Wie könnte man seine Geschichte erzählen?

Es sind einfach nur Tatsachen und Fakten über Ihren Körper, die Sie auflisten, nichts weiter. Denn es geht nicht darum, sich über den eigenen Körper zu beklagen, zu ärgern oder sich dafür zu schämen, sondern darum, sich an ihn heranzutasten, ihn in seiner Vielfältigkeit zu verstehen und Verständnis dafür zu entwickeln, wie er das wurde, was er heute ist. Nach dieser Bestandsaufnahme geht es ans erste Kennenlernen.

Phase 2: Nehmen Sie Kontakt mit Ihrem Körper auf

Wenn Ihr Körper schon lange eine Belastung ist oder von Ihnen gemieden wird, dann ignorieren Sie sicherlich viele seiner Facetten und Möglichkeiten und kennen ihn womöglich gar nicht richtig. Also sollten Sie einmal einige Dinge ausprobieren:[95]

Erkunden Sie Ihren Körper

Schließen Sie die Augen, und berühren Sie nacheinander verschiedene Körperstellen mit den Händen oder Fingern. Konzentrieren Sie sich auf das Gefühl in Ihren Fingern: Wie fühlt sich der jeweilige Hautabschnitt oder die Körperstelle an? Gibt es etwas, das Sie überrascht?

Denken Sie nun vom Körper aus. Wie fühlt es sich an, an verschiedenen Stellen berührt zu werden? Probieren Sie verschiedene Arten der Berührung aus, zum Beispiel sanftes Streicheln, leichtes Kratzen, Reiben, Drücken, Ziehen oder Klopfen. Benutzen Sie dazu die Finger und Hände, Zehen, Füße, Arme, Beine, Haare und Zähne sowie verschiedene Gegenstände, zum Beispiel Federn, Papier, Seide oder Holz. Konzentrieren Sie sich darauf, wie es sich anfühlt, und beobachten Sie, wie der Körper reagiert. Bildet sich Gänsehaut? Wird die Haut gerötet? Wird sie warm? Spannen oder entspannen sich die Muskeln? Wenn es Ihnen möglich ist, beobachten Sie auch Ihre körperlichen Reaktionen und Empfindungen bei Wärme und Kälte, bei verschiedenen Gerüchen und Geräuschen, bei Aufregung und Entspannung. Hören Sie vielleicht auch einmal mit einem Stethoskop in Ihren Körper hinein, und nehmen Sie wahr, welche Geräusche aus Ihrem Körperinneren dringen. Setzen Sie alle Sinne ein, um Ihren Körper zu erkunden, und achten Sie bewusst darauf, was Sie hören, riechen, schmecken und sehen.

Testen Sie Ihren Körper

Wie lange können Sie die Luft anhalten? Wie lange halten Sie Hunger, Durst oder Blasendruck aus? Welche Gerüche und Geschmäcker sind Ihnen angenehm oder unangenehm? Wie viel können Sie heben, schieben, drücken oder tragen? Wie schnell können Sie rennen, wie weit springen, wie lange schwimmen? Wann frieren oder schwitzen Sie? Wie lange können Sie sich konzentrieren? Wann müssen Sie spätestens ins Bett, und wie lange können Sie höchstens schlafen? Was beruhigt und entspannt Sie, und was erschreckt Sie oder macht Ihnen Angst? Es gibt noch viele Beispiele: Denken Sie sich einfach noch weitere aus, um herauszufinden, zu was Ihr Körper alles in der Lage ist.

Beschreiben Sie Ihren Körper

Schreiben Sie auf, was Ihr Körper alles kann und was Sie mit ihm alles machen können. Es sollten Dinge sein, die in Ihrem Leben nützlich und wichtig sind und/oder die Ihnen Spaß machen und besonders gut gefallen. Zum Beispiel tanzen, ein Instrument spielen, eine Sportart ausüben, Blumen binden, den Computer bedienen, sich nach Krankheiten wieder erholen und vieles mehr. Überlegen Sie, wie es Ihnen erginge, wenn Ihr Körper plötzlich nicht mehr richtig funktionieren würde und Sie eines oder mehrere dieser Dinge nicht mehr machen könnten. Um es sich besser vorstellen zu können, malen Sie sich aus, wie es Ihnen ergeht, wenn Sie wegen einer Erkältung eine Zeit lang nicht mehr riechen und schmecken können oder wenn Sie Schmerzen haben.

Versuchen Sie doch einmal, einen Tag lang einen Finger, eine Hand, ein Auge oder ein Gelenk nicht zu benutzen, um am eigenen Leib zu erfahren, wie es ist, wenn ein wichtiger Körperteil eine Zeit lang ausfällt. Überlegen Sie, wie Sie es wohl finden würden, wenn plötzlich ein Körperteil – vielleicht einer, der Ihnen missfällt – aufgrund einer Krankheit oder eines Unfalls für immer ausfallen würde oder man ihn operativ entfernen müsste und Sie ohne ihn weiterleben müssten, zum Beispiel Ihre Nase, die Sie möglicherweise zu groß finden. Wären Sie wirklich froh, Ihre »hässliche« Nase endlich los zu sein? Oder würde Ihr Leben ohne sie ziemlich beschwerlich sein? Vielleicht merken Sie gerade, was Ihnen Ihre Nase wert ist, und sehen sie mit anderen Augen. Überlegen Sie auch, wie es denen ergeht, die körperlich stark behindert oder versehrt sind. Welche Probleme haben sie wohl? Wie ergeht es Ihnen selbst im Vergleich zu solchen Menschen?

Informieren Sie sich über Ihren Körper

Gehen Sie auf Entdeckungsreise, und sammeln Sie Wissen über den menschlichen Körper. Dazu stehen Ihnen vielfältige Medien zur Verfügung, zum Beispiel Bücher, Broschüren, Fernsehen, Videos, Filme und das Internet. Besuchen Sie Museen, Anatomieausstellungen und Vorträge über Gesundheit und Krankheit, fragen Sie Ärzte, oder besuchen Sie Vorlesungen und Seminare in Physiologie und Medizin. Je mehr Sie wissen und lernen, desto mehr werden Sie begreifen, was der Körper alles leistet und wie komplex er ist, und desto eher wird er Ihnen wie ein Wunderwerk erscheinen, über das man nur staunen kann.

Das erste Kennenlernen kann mehrere Stunden, Tage oder sogar Wochen dauern. Denn der Körper ist voller Besonderheiten und Überraschungen. Außerdem müssen Sie sich erst daran gewöhnen, dass Sie sich Zeit nehmen, um sich mit Ihrem Körper zu beschäftigen. Hinzu kommt, dass die Beschäftigung ganz anders ist als bisher. Vermutlich haben Sie bisher eher auf Ihre »Makel« gestarrt und versucht, sie zu verstecken oder zu verändern. Sie haben Kalorien gezählt, bei jedem Bissen ein schlechtes Gewissen gehabt und die aufgenommenen Kalorien abgearbeitet. Ihr Aussehen stand so sehr im Vordergrund, dass Sie sich um den Rest kaum gekümmert haben. Das wird jetzt anders. Das Äußere tritt in den Hintergrund, damit Sie sich öffnen können für die vielen anderen Aspekte, die Ihren Körper ausmachen. Versuchen Sie, während der Kennenlernphase nicht über Ihr Äußeres nachzudenken, sondern wagen Sie sich so unbefangen wie ein Kind und so neugierig wie ein Entdecker an einen fast noch unbekannten Kontinent – Ihren Körper – heran.

Phase 3: Lernen Sie Ihren Körper kennen, indem Sie etwas mit ihm unternehmen

Nachdem Sie Ihren neuen Freund »beschnuppert« haben, sollen Sie ihn noch besser kennenlernen. Das geht am besten, indem Sie etwas mit ihm unternehmen. Überlegen Sie, was Sie mit Ihren menschlichen Freunden zu Beginn ihrer Freundschaft unternommen haben und was Sie heute mit ihnen gemeinsam tun. Sie gehen zum Beispiel zusammen Essen, ins Kino oder zu Sportveranstaltungen. Sie feiern zusammen, kochen miteinander und gehen shoppen. Sie besuchen sich gegenseitig, fahren gemeinsam in den Urlaub und genießen ihre Freundschaft. Fast alles können Sie auch mit Ihrem neuen Freund – Ihrem Körper – tun, zum Beispiel:

Legen Sie regelmäßig »Genusstage« ein

Suchen Sie sich einen Tag pro Woche oder pro Monat aus, an dem Sie viel Zeit und Ruhe haben. Lassen Sie sich falls nötig dabei unterstützen, indem Sie beispielsweise berufliche, familiäre oder Haushaltspflichten delegieren. Denn Sie sollten zumindest an Ihren Genusstagen unbelastet sein von Sorgen und Verpflichtungen und sich ganz darauf konzentrieren können, wie und was Sie genießen. Überlegen Sie sich, was Sie wirklich sehr gerne essen und trinken, und besorgen Sie sich die Lebensmittel. Decken Sie den Tisch wie an einem Festtag, und bereiten Sie Ihre Mahlzeit mit viel Freude und Muße zu. Hören Sie dabei Ihre Lieblingsmusik, nippen Sie an einem leckeren Getränk, gönnen Sie sich eine kleine Vorspeise, und riechen und probieren Sie die Kräuter, Gewürze und anderen Zutaten, die Sie verwenden. Genießen Sie dann sehr langsam und aufmerksam Ihr Essen und Ihre Getränke. Kauen Sie jeden Bissen mehrfach, und behalten Sie jeden Schluck Ihres Getränks einige Sekunden lang im Mund, bis sich der Geschmack voll darin ausgebreitet hat. Damit Sie sich so gut wie möglich konzentrieren können, essen Sie alleine oder mit einer Person, die Sie nicht zu sehr vom Essen ablenkt. Ihr Genuss wird sich verstärken in einer angenehmen, heiteren Atmosphäre und wenn die Zutaten, die Zubereitung und der Geschmack Ihrer Speisen und Getränke beim Tischgespräch im Vordergrund stehen. Dass Sie weder auf die Kalorien achten, noch hungrig oder durstig bleiben sollen, aber auch nicht über die Stränge schlagen sollten, versteht sich von selbst. Denn Sie sollen ja nicht nur einen kulinarisch genussreichen Abend verbringen, sondern auch eine angenehme Nacht.

Genießen lässt sich neben Essen und Trinken vieles: Gerüche, Düfte und Wärme bis hin zu Klängen, Musik, Bewegungen, Kunst und zu allem, was die Natur zu bieten hat, wie zum Beispiel frische, klare Luft, eine schöne Aussicht, wärmende Sonnenstrahlen, Vogelgesang oder der Duft von Heu. Ihnen fallen sicher nach kurzem Nachdenken noch viele weitere Dinge ein, die Sie genießen können. Gönnen Sie sich einfach öfter mal etwas Gutes!

Falls Sie jetzt Bedenken wegen der Kosten haben, dann sollten Sie wissen: Vieles, das sehr viel Genuss bereitet, ist gar nicht teuer. Dazu zählen beispielsweise eine Badewanne gefüllt mit warmem

Wasser und duftendem Schaum, der Besuch einer Tanzveranstaltung, gemeinsames Musizieren, eine kuschelige Decke, der Besuch eines Schwimmbads oder einer Sauna, ein Tag am Strand oder im Schnee, Spaziergänge über Felder, an der Küste oder im Wald, Radtouren oder das Entleihen von Musik-CDs und spannenden Filmen. Auch gut schmeckende, qualitativ hochwertige Lebensmittel sind erschwinglich. Genießen ist daher oft weniger eine Frage des Geldes, sondern vor allem des Willens, der Zeit und der Ideen. Wenn Sie Genusstage planen, ist es hilfreich, auf Folgendes zu achten:

- Genießen Sie langsam, bedacht und konzentriert, und lassen Sie sich nicht stören oder ablenken. Widmen Sie sich ganz Ihrer Beschäftigung, und seien Sie intensiv bei der Sache. Setzen Sie alle Ihre Sinne ein, auch wenn es anfangs ungewohnt ist. Fragen Sie sich immer wieder: Wie hört oder fühlt es sich an? Wie riecht es, wie schmeckt es? Was empfinde ich sonst noch alles mit meinem Körper?
- Alles, was Sie an Ihren Genusstagen tun, sollte Ihnen einfach nur Spaß machen und keinen anderen Zweck verfolgen. Gehen Sie also nicht spazieren, um Kalorien zu verbrennen, sondern um die Bewegung, die Luft und die Landschaft zu genießen. Vergessen Sie an den Genusstagen Ihre Ziele, die sich auf die Verbesserung Ihres Aussehens beziehen, und geben Sie sich ausschließlich den Sinnesfreuden hin.
- Ihre Aktivitäten an Genusstagen sollten immer etwas mit Ihrem Körper zu tun haben und ihn vollständig einbinden. Sie sollen ihn dadurch besser spüren und verstehen lernen, und Sie sollen die Erfahrung machen, dass Ihr Körper Ihnen Freude bereiten kann. Verzichten Sie daher darauf, vor dem Computer oder dem Fernseher zu sitzen, Bücher zu lesen oder Schach zu spielen, weil dabei nur Ihr Gehirn, Ihre Augen und Ihre Hände etwas zu tun haben, aber der Rest Ihres Körpers passiv bleibt. Suchen Sie sich lieber etwas aus, an dem Sie den ganzen Körper mit allen Sinnen beteiligen können.
- Legen Sie auf eine möglichst hohe Qualität der Dinge oder Aktivitäten wert, mit denen Sie sich beschäftigen, damit Sie sich

rundum wohlfühlen und nicht enttäuscht werden oder sich langweilen. Auch das muss nicht unbedingt teuer sein. Essen Sie zum Beispiel lieber vollreife Tomaten aus dem Garten im Sommer als fade schmeckende Treibhaustomaten im Winter.

- Schreiben Sie auf, was Sie alles gerne genießen, und legen Sie verbindliche Termine dafür fest. Ansonsten besteht die Gefahr, dass Sie es vernachlässigen oder vergessen. Wenn Sie jedoch regelmäßig auf Ihre Liste und dann auf Ihren Terminkalender schauen, üben Sie das bewusste Genießen nicht nur ein, sondern haben auch immer etwas, auf das Sie sich freuen können.
- Sie sollten regelmäßig Ihr Genussspektrum erweitern, indem Sie auch mal neue Genüsse ausprobieren. Falls Sie es sich nicht alleine trauen, dann lassen Sie sich von Freunden ermutigen und begleiten, und falls Sie Anregungen suchen, dann besuchen Sie fremde Länder oder Ihnen unbekannte Regionen des eigenen Landes – das Erleben und Erfahren neuer Speisen, Landschaften, Klimazonen und Sitten werden Ihnen ganz neue Horizonte eröffnen.

Machen Sie einzelne Körperpartien zu VIPs

VIPs sind »very important persons«, also sehr wichtige Personen. Es handelt sich oft um Adlige, Politiker, Industrielle, Sportler oder Künstler. Sie erhalten besonders viel Aufmerksamkeit, werden hervorragend behandelt, genießen zahlreiche Privilegien und werden umsorgt und verwöhnt. Machen Sie regelmäßig eine Körperpartie zu einem VIP, zum Beispiel Ihr Gesicht, Ihre Hände, Ihren Rücken oder Ihre Füße. Jeder Körperteil sollte an die Reihe kommen, sparen Sie keinen aus, auch wenn Sie ihn ablehnen. Er sollte für einige Stunden mal ganz im Mittelpunkt stehen. Ihre Aufgabe ist es, sich ihm mit aller Aufmerksamkeit und Fürsorge zu widmen und ihn zu behandeln, als sei er mehr wert als alles Gold der Welt.
Haben Sie sich beispielsweise für Ihre Füße entschieden, dann informieren Sie sich, wie Ihre Füße funktionieren und was Sie ihnen Gutes tun können; befassen Sie sich beispielsweise mit Fußreflexzonenmassage oder Pediküre. Beschäftigen Sie sich mit Ihren Füßen, indem Sie sie massieren oder ihnen ein Bad gönnen. Achten Sie darauf, wie sich Ihre Füße anfühlen und wie Sie sich selbst füh-

len, während und nachdem Sie etwas für sie getan haben. Pflegen und verwöhnen Sie Ihre Füße, und denken Sie dabei ein bisschen darüber nach, was Ihre Füße alles leisten und aushalten müssen. Falls Sie feststellen, dass Sie Ihre Füße vernachlässigen und misshandeln, indem Sie zum Beispiel Hühneraugen, Warzen, Druckstellen, Verletzungen oder Hornhaut nicht behandeln oder indem Sie Ihre Füße überlasten, zu selten pflegen oder mit schlechten Schuhen quälen, sollten Sie sich bei ihnen entschuldigen und dafür sorgen, dass es ihnen in Zukunft besser ergeht. Unternehmen Sie dann etwas Aktives mit Ihren Füßen, und zwar ganz bewusst: Ziehen Sie zum Beispiel die Schuhe aus, und gehen Sie barfuß über Holzspäne, Kiesel, Sand oder Gras. Versuchen Sie, mit den Füßen zu greifen oder zu malen. Führen Sie unterschiedliche Bewegungen und Gangarten mit ihnen aus, zum Beispiel kreisen und strecken, auf den Zehenspitzen und Fußkanten gehen, stampfen, schleichen oder trippeln. Beobachten Sie, wie sich die Füße beim Laufen, Tanzen oder Hüpfen verhalten. Achten Sie darauf, wie es Ihnen ergeht, wenn Sie die Füße hochlegen, wenn sie lange auf Moos oder auf Teer gelaufen sind, wenn sie warm oder kalt sind. Versetzen Sie sich in Ihre Füße, und erleben Sie einige Stunden des Alltags aus ihrer Sicht. Überlegen Sie sich, was Ihre Füße wohl sagen würden, wenn sie sprechen könnten.

Gehen Sie in dieser Weise auch mit anderen Körperpartien um – auch mit denen, die Sie nicht unbedingt mögen. Diese Körperteile werden Ihnen dadurch bewusster, und Sie entdecken ihre vielen Facetten und Funktionen. Vielleicht gelingt es Ihnen mit der Zeit, nicht nur die negativen Aspekte zu beachten, sondern die jeweiligen Körperpartien mit ganz anderen Augen zu sehen und Achtung vor ihnen zu entwickeln. Das wäre dann wie mit einem Freund, dessen Äußeres Ihnen zunächst nicht gefallen hat. Aber sobald Sie ihm die Chance gegeben haben, sich als Mensch zu zeigen, und sobald Sie sich geöffnet haben und bereit waren, sich mit ihm zu befassen, haben Sie seine Vielfältigkeit, seine Eigenarten und Besonderheiten entdeckt und schätzen gelernt. Machen Sie Ihren Körper zum Freund, indem Sie sich Schritt für Schritt mit einzelnen Körperpartien anfreunden.

Trauen Sie sich etwas zu

Sie kennen Ihren Körper wahrscheinlich nur vom Spiegel und von Ihren negativen Gedanken über ihn. Was er alles kann und was Sie ihm zutrauen können, könnte Ihnen vielleicht entgangen sein. Versuchen Sie, etwas mit Ihrem Körper zu unternehmen und dabei vielleicht sogar etwas Bestimmtes zu erreichen. Melden Sie sich zum Beispiel in einem Kletterpark an, und wagen Sie es, sich in luftige Höhe zu begeben. Dazu müssen Sie sich zwar überwinden, aber keine Angst, es kann Ihnen nichts passieren, wenn Sie gut angeseilt sind und ein erfahrener Coach bei Ihnen ist. Auf den Hochseilen, zwischen Netzen, Balken und Plattformen geht es darum, den Körper zu koordinieren und seine Kraft und Standfestigkeit zu testen. Sie werden staunen, was Sie alles können, und werden am Schluss, wenn Sie den Parcours erfolgreich bewältigt haben, stolz auf sich und Ihren Körper sein. Es gibt viele weitere Möglichkeiten, um sich Herausforderungen für den Körper zu suchen und um ihn besser kennenzulernen. Sie erfahren dadurch, dass Ihr Körper leistungsfähig ist und Sie Erfolgserlebnisse mit ihm haben können. Außerdem werden Sie das befriedigende Gefühl erleben, Ihre Ziele zu erreichen – dank Ihres Körpers.

Werden Sie Schauspieler

Sie können die Möglichkeiten Ihres Körpers und das Zusammenspiel zwischen Gedanken, Gefühlen und Körpersprache gut beobachten, indem Sie zum Schauspieler werden und sich in Rollen hineinversetzen. Keine Angst, Sie müssen keine Texte auswendig lernen und auch nicht auf einer Bühne auftreten. Es geht vielmehr darum, sich einmal für einige Zeit – zum Beispiel für ein bis zwei Stunden – eine andere Haut überzustreifen und sich in eine andere Person hineinzuversetzen. Auf diese Weise sind Sie nicht mehr so sehr mit sich und Ihrem Aussehen beschäftigt, sondern können sich fühlen, als hätten Sie eine zweite (vielleicht bessere oder ganz andere) Existenz oder würden das Leben einer anderen Person führen. Alles, was Sie dazu brauchen, sind Fantasie und Einfühlungsvermögen. Schließen Sie die Augen, und denken Sie sich eine Person aus, die Sie gerne wären, vielleicht ein Freund oder eine Freundin, ein Model, eine Schauspielerin, ein Sportler oder ein

Adliger. Stellen Sie sich diese Person ganz genau vor, und sagen Sie zu sich: »Ich bin … (nennen Sie den Namen).« Rufen Sie sich eine Szene oder Situation in Erinnerung, in der diese Person Sie ganz besonders beeindruckt hat. Diese Situation sollte positiv sein, das heißt, die Person sollte in diesem Moment stolz sein und strahlen, sich freuen und sich ihrer Fähigkeiten und Talente voll bewusst sein. Sie sollte sich außerdem bewusst sein, dass sie geliebt und bewundert wird. Es gibt in dieser Situation keine Probleme und keine Zweifel. Die Person ist glücklich und auf dem Höhepunkt ihres Könnens, ihrer Beliebtheit oder ihres Ruhms. Stellen Sie sich vor, Sie wären diese Person in dieser Situation. Halten Sie immer noch die Augen geschlossen, und malen Sie es sich ganz genau aus. Stehen Sie nun auf, und bewegen Sie sich, wie die Person sich in der Situation bewegt hat. Wie stehen oder gehen Sie? Wie ist Ihre Körperhaltung? Wie ist Ihr Gesicht? Was strahlen Sie aus? Sie machen die Übung richtig, wenn Sie sich dabei größer, bedeutsamer und selbstsicherer fühlen und ganz in sich ruhen. Machen Sie weiter, bis Sie überzeugt sind, eine so starke und positive Ausstrahlung zu haben, dass alle Blicke auf Sie gerichtet werden und dass alle, die Sie sehen, Ihnen Sympathie und Bewunderung entgegenbringen. Wie fühlen Sie sich jetzt? Sicher großartig. Merken Sie sich das Gefühl gut, damit Sie sich immer wieder daran erinnern können. Merken Sie sich auch Ihren Gesichtsausdruck, die Körperhaltung und die Art zu gehen und sich zu bewegen, wenn Sie die Rolle dieser Person einnehmen. Denn wenn Sie sich an diese Körpersprache erinnern, können Sie sie immer wieder einnehmen und damit auch die positiven Gefühle hervorrufen, die damit verbunden sind.

Sie können auch eine andere Übung ausprobieren: Stellen Sie sich vor, Sie würden perfekt aussehen und hätten nichts an sich auszusetzen. Sie wären glücklich mit Ihrem Körper und bräuchten ihn nicht zu verstecken oder sich dafür zu schämen. Wie fühlen Sie sich bei diesem Gedanken? Wahrscheinlich befreit. Denken Sie an Ihre neuen Möglichkeiten und Chancen, die Ihnen Ihr perfektes Äußeres bietet: Sie können jetzt endlich tun, was Sie immer wollten. Sie können sich sicher sein, dass Sie niemand wegen Ihres Aussehens ablehnt. Sie brauchen sich keine Vorwürfe mehr zu machen, sich verstecken oder hassen. Sie genießen alles intensiv, haben Spaß am

Leben und können positiv auf andere Menschen zugehen. Übertragen Sie dann diese Vorstellung in Ihren Alltag, in Ihr normales Leben. Tun Sie einfach so, als wären Sie Ihr eigenes Ideal. Denken und handeln Sie, als wären Sie wirklich absolut zufrieden mit Ihrem Aussehen. Beobachten Sie sich dabei selbst. Was passiert mit Ihnen? Wie fühlen Sie sich? Wie verhalten Sie sich? Wie reagieren Ihre Mitmenschen? Wahrscheinlich sind Sie sehr locker und entspannt. Sie sind amüsant und unterhaltsam, weil Sie sich gut fühlen. Sie strahlen Selbstbewusstsein aus, scheuen die Blicke der anderen nicht und zeigen sich gerne, weil Sie wissen, dass Sie sich nicht verstecken müssen. Sie pflegen sich gerne und kleiden sich schön, weil Sie es sich wert sind. Sie können sich auf nette Gespräche und Aktivitäten mit anderen Menschen einlassen, weil Sie nicht damit beschäftigt sind, sich um Ihr Aussehen zu sorgen. Sie haben jetzt auch mehr Zeit, Ihren Hobbys nachzugehen und sich Ihrem Partner, Ihrer Familie und den Freunden zu widmen. Ihre Mitmenschen werden erfreut darauf reagieren, denn wahrscheinlich sehen sie es nicht gerne, wenn Sie unzufrieden mit sich sind. Jetzt aber sind Sie zufrieden und strahlen es aus. Sie schätzen sich selbst und können dadurch auch anderen das Gefühl geben, geliebt und geschätzt zu werden. Ihr Aussehen ist Ihnen gar nicht mehr so wichtig, weil Sie ja wissen, dass alles damit in Ordnung ist. Für Sie rücken stattdessen ganz andere Dinge in den Vordergrund. Zum Beispiel könnte es Ihnen wichtiger werden, Freundschaften zu pflegen, etwas Neues zu lernen, ehrenamtlich tätig zu sein oder zu reisen und die Welt zu sehen. Sie haben plötzlich viel mehr Energie zur Verfügung, weil sie kaum noch an die Beschäftigung mit dem Äußeren gebunden ist. Ihr Kopf ist frei für neue Ideen und Gedanken, und Sie fühlen sich viel gelassener und zufriedener, weil Sie keine Gedanken mehr quälen, durch die Sie sich selbst abwerten. Die Leidenszeit ist vorbei, und Sie können das Leben endlich in vollen Zügen genießen.

Hat Ihnen diese Vorstellung gefallen? Haben Sie sich erleichtert und fröhlich gefühlt, und würden Sie sich gerne immer so fühlen? Das ist auch ohne ein perfektes Aussehen möglich. Sie können sich nämlich innerlich verändern, und das ist viel wichtiger und wirkungsvoller als jede äußerliche Veränderung. Sie haben vielleicht während der Übung gemerkt, dass es nicht so sehr darauf ankommt, wirklich perfekt auszusehen (Wer tut das schon?), sondern sich im Großen und Ganzen zu akzeptieren und sich nicht mehr in negativer Weise mit dem eigenen Äußeren zu beschäftigen. Das allein schon macht locker und entspannt, versetzt Sie in gute Stimmung und gibt neue Kraft. Denn nicht das Aussehen bestimmt das Lebensgefühl, sondern vielmehr, wie Sie denken, sich fühlen und sich verhalten.

Phase 4: Schätzen Sie Ihren Körper, und vertrauen Sie ihm

Der menschliche Körper ist sehr komplex, weil außerordentlich viele Prozesse ineinandergreifen müssen. Einen Teil dieser Prozesse können wir willentlich steuern, einen Teil aber auch nicht. Vieles läuft ohne unser Zutun ab und ohne, dass es uns bewusst ist – auf diese Weise haben wir den Kopf frei, um uns um andere Dinge zu kümmern. Der Körper organisiert zum Beispiel Herzschlag, Atmung, Blutkreislauf, Verdauung, Wachstum, Bewegung und Heilung ganz selbstständig, sodass man eigentlich nur erstaunt sein kann darüber, wie alles »von sich aus« funktioniert. Er ist im Grunde stark, widerstandsfähig, wenig störanfällig und verrichtet seine Arbeit sehr zuverlässig. Er lässt zum Beispiel keinen einzigen Herzschlag und nur selten einen Atemzug aus. Natürlich gibt es auch für ihn Herausforderungen, die er nicht meistern kann, sodass wir krank werden oder sterben. Aber im Großen und Ganzen erbringt er über viele Jahre hinweg in vielerlei Hinsicht sehr konstante und bewundernswerte Leistungen.

Seien Sie froh darüber. Sehen Sie Ihren Körper als einen Ort, der Ihnen Schutz bietet und an dem Sie sicher sind. Betrachten Sie ihn als ein Haus, eine Wohnung oder ein Zuhause, in dem Sie es sich gemütlich einrichten und ein Leben lang gerne wohnen möchten. Er ist Ihre Grundlage und Ihre Existenz, ohne ihn wären Sie nicht da. Wenn Sie also möchten, dass es Ihnen gut geht, dann müssen Sie darauf achten, dass es Ihrem Körper gut geht – beides lässt sich beinahe nicht voneinander trennen.

Versuchen Sie, Ihren Körper mit einem liebevollen Blick zu betrachten. Sehen Sie seine schönen und angenehmen Seiten. Hören Sie nur auf Komplimente und nette Dinge, die man über ihn sagt, und überhören Sie alles andere. Genießen, schmücken, verwöhnen und feiern Sie ihn wie einen Geliebten. Sehen Sie ihn außerdem mit den Augen eines langjährigen Freundes, auf den Sie stolz sein können, weil er mit Ihnen schon vieles durchgestanden hat. Sie können ihm dankbar sein, weil er Ihnen bisher vieles ermöglicht hat, und Sie können sich über ihn freuen, weil Sie mit seiner Hilfe bereits eine Menge erreicht haben.

Denken Sie einmal an alles, was Sie ihm schon beigebracht haben beziehungsweise was er erlernt hat, wie etwa Ski fahren oder tanzen. Zählen Sie auf, was er alles für angeborene Talente besitzt, zum Beispiel Anmut, Beweglichkeit oder Ausdauer. Überlegen Sie, was Sie mit ihm schon alles mitgemacht haben, zum Beispiel Unfälle, Operationen oder Krankheiten. Und erinnern Sie sich daran, was Sie mit ihm und durch ihn schon alles bewältigt und genossen haben. Es wäre daher schade und sinnlos, ihn zu missachten oder abzulehnen. Stattdessen könnten Sie doch mit ihm kooperieren, ihn beachten und schätzen. Ihr Körper ist etwas, auf das Sie so gut wie möglich aufpassen sollten, denn ein anderer wird Ihnen nicht geschenkt.

Freundschaften müssen sich bewähren, auch die Freundschaft zu Ihrem Körper. In der Beziehung zu Ihrem Körper werden Sie hin und wieder auf die Probe gestellt. Zum Beispiel kann es Tage geben, an denen Sie Ihr Aussehen wieder einmal überhaupt nicht mögen. Wenn Ihr Körper zu einem Freund geworden ist, wird es solche Tage hoffentlich deutlich weniger geben als bisher, aber es wird sie geben. Genauso wie es Tage gibt, an denen Sie Ihre anderen Freunde nicht leiden können und von ihnen genervt sind. Aber ebenso wie mit diesen Freunden dürfen Sie die Freundschaft zu Ihrem Körper deshalb nicht gleich kündigen. Wenn Sie sich über ihn aufregen, sorgen Sie dafür, dass Sie sich beruhigen, indem Sie sich ablenken, entspannen, bewegen oder schlafen. Söhnen Sie sich dann mit Ihrem Körper aus, und denken Sie wieder positiv über ihn. Stehen Sie auch in Krisenzeiten zu ihm, und bleiben Sie Ihrer Freundschaft treu. Sie werden sehen: Ein oder mehrere Tage Frustration können Sie höchstens kurz aus der Fassung bringen und werden Ihre Freundschaft zu Ihrem Körper nicht mehr grundlegend erschüttern. Falls es trotzdem schwierig wird, die Freundschaft aufrechtzuerhalten, können Sie immer noch zum »Notfallkoffer« greifen (s. Kap. 3.10).

Phase 5: Pflegen Sie die Freundschaft zu Ihrem Körper

Eine Besonderheit von Freundschaften ist, dass sie fortbestehen können, auch wenn sich die Beteiligten jahrelang nicht sehen. Das sollten Sie mit Ihrem Körper aber besser nicht praktizieren. Behandeln Sie ihn eher wie einen Freund, der ganz in Ihrer Nähe wohnt. Sie müssen sich nicht jeden Tag intensiv um ihn kümmern, aber Sie sollten ihn auch nicht zu lange aus den Augen verlieren. Finden Sie ein Mittelmaß an Beschäftigung mit Ihrem Körper, die Ihnen und ihm guttut. In den Momenten, in denen Sie sich Ihrem Körper widmen, sollten Sie sich verhalten wie bei einem anderen Freund und zum Beispiel fragen: Wie geht es ihm? Was braucht er? Was könnte ihm Freude bereiten? Außerdem können Sie sich folgende Ziele in drei Bereichen setzen:

Bereich 1: Bewegung

Wenn Sie sich bisher nur sehr selten und ungern bewegt haben, könnten Sie sich Ihrem Körper und Ihrer Gesundheit zuliebe um mehr und regelmäßige Bewegung bemühen. Das ist oft leichter gesagt als getan, aber es gibt ein paar einfache Tricks, mit denen Sie sich mehr Bewegung verschaffen können, ohne sich jedes Mal überwinden zu müssen:

- **Verzichten Sie auf Technik.** Nehmen Sie zum Beispiel die Treppe statt den Aufzug oder die Rolltreppe, steigen Sie eine U-Bahn- oder Bushaltestelle früher aus, und laufen Sie den restlichen Weg nach Hause, parken Sie nicht immer direkt vor der Tür, sondern ein paar Straßen entfernt, lassen Sie bei kürzeren Strecken das Auto stehen, und nehmen Sie das Rad oder gehen Sie zu Fuß, verzichten Sie im Haushalt und Garten so oft wie möglich auf elektrische oder motorisierte Geräte, und erledigen Sie vieles von Hand. Auf diese Weise bewegen Sie sich, ohne sich an strikte Trainingspläne halten zu müssen.
- **Verbinden Sie Bewegung mit etwas Sinnvollem.** Bringen Sie Ihre Briefe zu Fuß oder mit dem Rad zum Briefkasten, machen

Sie ebenso kleinere Einkäufe, oder schauen Sie bei einem Bekannten oder Freund vorbei. So können Sie sich Bewegung verschaffen, ohne Zwang und Druck.
- **Kombinieren Sie Bewegung mit etwas Angenehmen.** Planen Sie zum Beispiel einen Rundgang durch einen Park oder Wald, durch Wiesen oder einen Zoo ein – wenn Sie ein Stadtmensch sind, kann es auch eine Fußgängerzone sein. Auf jeden Fall sollte Ihnen die Umgebung viel zum Schauen bieten. Auch so haben Sie nicht das Gefühl, sich zwanghaft Bewegung zu verschaffen.

Wenn man sich nicht zu etwas zwingt, sondern es gerne macht, wird man es viel eher und regelmäßiger durchführen. Das gilt für Bewegung ebenso wie für viele andere Dinge. Lassen Sie sich also etwas einfallen, um sich zu bewegen und gleichzeitig Spaß zu haben, dann tun Sie nicht nur Ihrem Körper etwas Gutes, sondern gewinnen auch viel Lebensqualität. Folgende Hinweise könnten auch hilfreich sein:

- **Entspannen gehört auch zum Bewegen.** Alles braucht einen Ausgleich, auch die Bewegung, aber der Ausgleich sollte sich nicht darin erschöpfen, auf dem Sofa oder am Computer zu sitzen, sondern es gibt viel interessantere und effektivere Formen, um einen Kontrapunkt zur Bewegung zu setzen. Dazu zählen zum Beispiel: Strecken, Dehnen, Meditation und Entspannungstechniken, Saunieren und Massagen sowie verschiedene Wellnessanwendungen. Im Vordergrund steht dabei immer das Wohlbefinden. Machen Sie nur das, was Ihnen wirklich guttut, und nur so lange, wie es Ihnen angenehm ist.
- **Bewegung ist mehr als nur Laufen.** Die meisten Menschen denken beim Thema Bewegung nur an Spazierengehen, Laufen, Walken oder Joggen, Radfahren und vielleicht noch Schwimmen. Aber das könnte auf Dauer recht langweilig werden. Wie wäre es, einmal ungewöhnliche Sportarten auszuprobieren, Tänze oder körpermeditative Übungen zu praktizieren? Die ganze Vielfalt der Bewegung zu entdecken, kann ein lohnenswertes Ziel sein.

- **Bewegung hält gesund und baut Stress ab.** Ihr Körper kann durch Bewegung widerstandsfähiger und fitter, ausdauernder und leistungsfähiger werden. Darüber hinaus können Sie zahlreiche Krankheiten verhindern und sich lange an einem gesunden Körper erfreuen. Bewegung sollte Ihnen also dazu dienen, einen guten körperlichen Zustand zu erreichen, zu erhalten oder noch weiter zu verbessern – alles andere, wie übertriebener Muskelaufbau, um besser auszusehen, ist hingegen zweitrangig.

Sie haben vielleicht bemerkt, dass bei den Bewegungstipps Folgendes nicht im Vordergrund steht: abnehmen, Kalorien verbrennen, Muskeln aufbauen, die Figur verbessern oder das Gewicht halten. Denn wenn Sie sich nur deshalb bewegen, verpassen Sie eine Menge, vor allem das Vergnügen an der Bewegung selbst und an der Umgebung. Außerdem würden Sie sich wieder zu sehr auf Ihr Äußeres konzentrieren und damit Ihre Aktivitäten und Ihre Stimmung zu sehr von dem Wunsch nach der Traumfigur abhängig machen: Sie würden sich gut fühlen, wenn Sie genügend Kalorien verbrannt haben, aber schlecht, wenn Sie sich nicht genügend zum Bewegen motivieren konnten. Sie würden vom schlechten Gewissen geplagt werden und würden immer mehr in ein Stimmungstief geraten, bis Sie sich vielleicht gar nicht mehr bewegen oder es mit dem Sport völlig übertreiben. Solche emotionalen Achterbahnfahrten sind jedoch überhaupt nicht nötig. Koppeln Sie einfach das Bewegen von den leidigen Ängsten um die Figur ab, und Sie werden es lockerer angehen und viel gewinnen.

Bereich 2: Essen und Trinken

Essen und Trinken scheinen so selbstverständlich zu sein, weil jeder mehrmals täglich essen und trinken muss, aber in Wirklichkeit handelt es sich um komplexe Vorgänge. Denn um das Wann, Wo, Was und vor allem um das Wieviel entbrennen immer wieder heftige Diskussionen. Die meisten von uns haben schon viel ausprobiert und landen letztlich bei einem Ernährungsmuster, das sehr freudlos und anstrengend ist: Sie verzichten auf vieles wegen der Kalorien, sie essen energiearme Kost, sie machen immer wieder Diäten, und wenn sie sich einmal dem Genuss hingegeben oder grö-

ßere Mengen verzehrt haben, leiden sie sofort unter einem schlechten Gewissen und meinen, die Kalorien abarbeiten zu müssen. Das ist jedoch eine sehr einseitige Sicht, außerdem kommen andere Aspekte der Nahrungsaufnahme zu kurz.
Dabei gibt es sehr viel mehr über Ernährung zu wissen und zu bedenken, zum Beispiel, wie die Lebensmittel produziert, gelagert, transportiert und angeboten werden oder welche Stoffe sie enthalten. Oder wie sie zubereitet und genossen werden und welche kulinarische Qualität sie besitzen. Häufig übersehen wird auch, dass Ängste vor Kalorien eigentlich Wohlstandsprobleme sind, die hungernden Menschen absurd vorkommen müssen, und dass Nahrungsmittel auch unter den Gesichtspunkten Weltwirtschaft, Umweltschutz, Klima und soziale Gerechtigkeit gesehen werden müssen. Man könnte an dieser Stelle noch viel mehr aufzählen, um die Komplexität des Themas darzustellen. Wenn Sie sich mit Ernährung intensiver befassen, werden Sie selbst auf viele Themen stoßen.
Die Nahrungsaufnahme ist so grundlegend für die Existenz unseres Körpers, dass wir ihr gegenüber nicht gleichgültig sein sollten. Zugegeben, es ist anfangs vielleicht verwirrend und mühsam, sich zu informieren, möglichst viele Aspekte abzuwägen und eine eigene Position zu finden, aber die Beschäftigung mit Nahrung und Ernährung weitet unseren Horizont, sodass wir beides nicht mehr nur unter dem Aspekt der Kalorienaufnahme und ihrer Auswirkungen auf die Figur sehen, sondern dass wir das Thema insgesamt differenzierter und ganzheitlicher betrachten können.

Mittlerweile haben Sie gelernt, Ihren Körper als Kooperationspartner, wenn nicht sogar als Freund zu sehen. Bitte hören Sie daher auf, ihn zu bekämpfen und ihn zu schädigen, indem Sie ihm lebenswichtige Nährstoffe und Energie entziehen oder vorenthalten. Beenden Sie alle Maßnahmen, um ihn in größerem Stile und gegen seine Natur zu verändern. Sie brauchen sich auch nicht mehr den Kopf zu zerbrechen, wie Sie Ihren Körper in den Griff bekommen oder kontrollieren können, denn Sie haben sich vorgenommen, auf seine Bedürfnisse zu achten, mit ihm zusammenzuarbeiten und ihn zu respektieren. Das bedeutet, dass Ihr Wunsch abzunehmen oder

Ihren Körper anderweitig zu verändern, keine überragende Rolle mehr in der Beziehung zu Ihrem Körper spielt. Kurz gesagt: Denken Sie nicht mehr ständig an Kalorienzufuhr oder Schönheitsoperationen, sondern versuchen Sie, sich um Folgendes zu bemühen:

- **Sorgen Sie für Abwechslung.** Speisen und Getränke gibt es in unglaublicher Vielfalt. Es wäre schade, wenn Sie nur einen Bruchteil davon im Laufe des Lebens kennenlernen würden. Damit Sie nichts verpassen, essen Sie im Alltag und erst recht im Urlaub (vor allem in fremden Ländern) so bunt und abwechslungsreich wie möglich. Das ist nicht nur spannend, sondern auch gut für den Körper, denn so wird er automatisch und in der richtigen Menge mit allem versorgt, was er braucht.
- **Beschäftigen Sie alle Sinne.** Essen und Trinken sollen nicht nur die Zunge und die Nase, sondern auch andere Sinne anregen. Die Augen erfreuen sich beispielsweise an einem schön gedeckten Tisch, einem stilvollen Restaurant oder an einem Essplatz mit grandioser Aussicht. Und den Ohren kann zum Beispiel mit leiser Tischmusik, mit dem Rauschen von Wind, Blättern oder Wellen, mit angenehmen Gesprächen oder einfach nur mit Stille geschmeichelt werden.
- **Stellen Sie Genuss und Qualität in den Vordergrund.** Kaufen Sie Lebensmittel ein, die gerade Saison haben. Kaufen Sie Lebensmittel, die möglichst wenig verarbeitet wurden und intensiv schmecken. Bereiten Sie die Speisen so zu, dass ihre wichtigen Inhaltsstoffe nicht zerstört werden und sie ihr volles Aroma entfalten können. Genießen Sie jeden Bissen. Essen Sie langsam, und lassen Sie sich Ihre Speisen und Getränke auf der Zunge zergehen. Denken Sie jedoch nicht an den Eiweiß-, Zucker-, Stärke- und Fettgehalt oder an Kalorien, ignorieren Sie Diätratgeber, und haben Sie kein schlechtes Gewissen. Wenn Sie nämlich wirklich Hochwertiges zu sich nehmen und es intensiv genießen, brauchen Sie gar nicht viel davon, weil Ihnen wenig schon ausreicht, um gesättigt und zufrieden zu sein.
- **Essen Sie individuell.** Es gibt unzählige Ernährungsratschläge, allerdings gelten sie nicht immer und für jeden Menschen. Denn jeder Einzelne besitzt eine ganz individuelle genetische Ausstat-

tung, die sich auch auf sein Ernährungsverhalten oder seine Art, Nahrung zu verwerten, auswirkt. Diese Ausstattung sollte für Sie die wichtigste Leitlinie Ihres Ernährungsverhaltens sein und nichts anderes. Diese natürliche Ausstattung lernen Sie durch Ihre Erfahrungen mit Lebensmitteln kennen. So gibt es zum Beispiel Menschen, die kein Milcheiweiß vertragen oder von Hülsenfrüchten Blähungen und von Wurzelgemüse Durchfall bekommen. Aber nicht nur Allergien und Unverträglichkeiten, sondern auch Vorlieben und Abneigungen gehören zu dieser Ausstattung. Wichtig ist außerdem die spezielle Situation, in der Sie und Ihr Körper sich befinden. Beispielsweise ist es sinnvoll, sich anders als üblich zu ernähren, wenn man geschwächt, erkrankt, gestresst oder schwanger ist oder wenn man besondere Leistungen erbringen muss. Stellen Sie Ihren Speiseplan so zusammen, dass Sie keine Lebensmittel zu sich nehmen, die Unwohlsein, Erkrankungen oder Abscheu hervorrufen, und zwingen Sie sich zu nichts. Achten Sie stattdessen darauf, dass Ihre Speisen und Getränke stets zu Ihrem Wohlbefinden beitragen.

Essen und Trinken gehören zu Ihrem Leben wie das Atmen. Betrachten Sie daher nicht nur die Kalorien, die Sie zu sich nehmen, sondern öffnen Sie sich für ihre vielfältigen Aspekte und Möglichkeiten, und begeben Sie sich auf eine spannende und abwechslungsreiche, kulinarische Reise, die all Ihre Sinne erfreuen kann.

Bereich 3: Körperpflege

Ihr Freund benötigt Aufmerksamkeit, weder zu viel noch zu wenig. Haben Sie bisher jede Falte, jeden Hautfleck, jedes graue Haar und jedes Pfund kritisch beäugt? Haben Sie vielleicht auf Ihre ungeliebten Körperpartien gestarrt und alles andere ausgeblendet? Und waren Sie sehr sorgfältig beim Frisieren, Schminken und Kleiden, um Ihre »Makel« so gut wie möglich zu verbergen? Wenn Sie diese Fragen bejahen, könnte es sein, dass Sie zwar sehr aufmerksam waren, aber in einer ungünstigen Weise. Denn bei einem anderen Freund würden Sie ja auch nicht ständig auf dessen äußerliche Merkmale starren, die sie weniger schön finden.

Sinnvolle Aufmerksamkeit drückt sich durch Achtung und Beachtung, durch Fürsorge und Engagement aus. Auf Ihren Körper bezogen bedeutet das: Sie achten auf Anzeichen von Erkrankungen und sorgen vor, behandeln ihn im Krankheitsfall selbst oder lassen ihn adäquat behandeln. Sie pflegen ihn in einem normalen Ausmaß, damit er gesund bleibt und Ihrem Alter und Typ entsprechend vorteilhaft aussieht. Sie kümmern sich um ein gutes Aussehen, verzichten jedoch auf übertriebene kosmetische Behandlungen, nur um Ihre vermeintlichen »Makel« zu kaschieren. Um gut auszusehen, könnten Sie vielmehr auf Ihre angeborene Natürlichkeit und auf natürliche Schönmacher wie zum Beispiel frische Luft, Bewegung und Schlaf setzen. Bei der Wahl Ihrer Kleidung könnten Sie sich daran orientieren, was Ihnen gefällt und was Ihnen wirklich steht. Betonen Sie Ihre Individualität, und kleiden Sie sich so, dass Ihre Vorzüge hervorgehoben werden und dass Sie sich in Ihrer Kleidung wohlfühlen. Auch Ihre Frisur, Ihr Schmuck, Ihre Accessoires und Ihre Schuhe sollten Ihnen stehen und zu Ihnen passen. Ob Ihr Geschmack der aktuellen Mode entspricht, ist zweitrangig.
Vielleicht haben Sie Probleme damit, sich etwas Gutes zu tun und sich am eigenen Aussehen zu erfreuen, weil Sie es nicht gewohnt sind. Wenn Sie sich viele Jahre zurückgehalten oder sich sogar ein wenig vernachlässigt haben, dann braucht es eine gewisse Zeit der Umgewöhnung. Es könnte auch sein, dass Sie ein schlechtes Gewissen haben oder es unmoralisch finden, sich mit dem eigenen Aussehen in positiver Weise zu befassen. Sie befürchten vielleicht, als eitel zu gelten, wenn Sie selbstbewusst auftreten und zu Ihrem Körper stehen. Vielleicht möchten Sie Ihren Schutz auch nicht aufgeben, der darin besteht, dass Sie sich selbst kritisieren, bevor es andere tun, um ihnen zuvorzukommen und seelische Verletzungen zu vermeiden. Aber das sind keine konstruktiven Gedanken und Verhaltensweisen. Es ist Ihr gutes Recht, sich in zuvorkommender und wohlwollender Weise um sich selbst zu kümmern. Wenn Sie das tun, sind Sie noch lange nicht eitel oder egoistisch. Sie haben beschlossen, Ihrem Körper Aufmerksamkeit und Achtung entgegenzubringen, und es gibt viele Wege, dies zu zeigen.
Ihr Körper ist Ihr Kapital, auch wenn Sie nicht davon leben, fotografiert oder gefilmt zu werden. Versuchen Sie daher, ihn bewusst

zu erfahren. Lernen Sie ihn gut kennen, dann wissen Sie immer, was er benötigt und was ihm guttut. Kümmern Sie sich weniger darum, was andere denken. Bemühen Sie sich auch nicht unnötig darum, bestimmte Leistungen zu erbringen oder es anderen recht zu machen. Sagen Sie sich öfter mal etwas Nettes, und machen Sie sich immer wieder klar, dass es nicht darum geht, ein bestimmtes Ziel zu erreichen, zum Beispiel schlanker oder besser auszusehen. Die Freundschaft zu Ihrem Körper entwickelt sich vielleicht langsam, vielleicht aber auch rasch. Wie bei jeder Freundschaft wird es Höhepunkte und Tiefpunkte geben, aber lassen Sie sich davon nicht entmutigen, sondern halten Sie an Ihrer Freundschaft mit dem eigenen Körper fest. Zeigen Sie Durchhaltevermögen und Treue wie in anderen Freundschaften auch, und versuchen Sie, die Freundschaft zu Ihrem Körper zu pflegen. Wichtig ist außerdem, dass Sie sie immer wieder auffrischen, damit Sie nicht langweilig wird. Probieren Sie ab und zu etwas Neues mit Ihrem Körper aus, zum Beispiel neue Bewegungs- oder Sportarten, Genüsse oder Wellnessangebote. Sorgen Sie in ganz unterschiedlichen Bereichen für Impulse, damit aus Ihrer Freundschaft kein Strohfeuer, sondern ein Dauerbrenner wird.

3.9 Aktiv werden

Die Prinzipien und Methoden, die ich im Folgenden in vereinfachter und verkürzter Form beschreibe und konkret auf die Selbsthilfe bei Körperbildproblemen beziehe, werden in psychologischer Beratung und Psychotherapie seit Längerem erfolgreich eingesetzt und können Ihnen dabei helfen, eine positive Beziehung zum eigenen Körper aufzubauen.[96]

Sich konfrontieren

Dies bedeutet, vor den eigenen Ängsten und Befürchtungen nicht zu fliehen, sondern sich ihnen zu stellen und sich mit ihnen auseinanderzusetzen. Das ist zwar oft unangenehm und erfordert viel Mut und Durchhaltevermögen, aber um wirklich Verbesserungen zu erreichen, ist eine Konfrontation oft sehr sinnvoll. Die Auseinandersetzung oder Konfrontation kann gedanklich und real erfolgen:

Gedankliche Konfrontation bedeutet, sich etwas vorzustellen, was man fürchtet. Zum Beispiel sich in Gedanken auszumalen, was passieren könnte, wenn man sich ungeschminkt oder nur leicht bekleidet in der Öffentlichkeit zeigt. Man überlegt: Wie fühle ich mich? Wie verhalten sich die Menschen um mich herum? Was könnte passieren? Wie werde ich reagieren? Die Szene sollte man sich so realistisch und intensiv wie möglich vor Augen führen.

Reale Konfrontation bedeutet, sich tatsächlich in eine gefürchtete Situation zu begeben und sich dort seinen Problemen und Ängsten zu stellen. Dabei bewährt es sich oft, schrittweise vorzugehen (in manchen Fällen ist es hingegen hilfreich, sich gleich dem Schlimmsten zu stellen). Beim schrittweisen Vorgehen sucht man sich zunächst eine Handlung aus, die sich noch ohne größere Probleme durchführen lässt, zum Beispiel sich selbst angezogen und geschminkt im Spiegel zu betrachten. Dann wird die Schwierigkeit der Handlungen allmählich erhöht, bis die höchste Schwierigkeitsstufe erreicht wird. Beispielsweise könnten die nächsten Schritte darin bestehen, sich ungeschminkt und leicht bekleidet zu betrachten oder sich so in der Öffentlichkeit zu zeigen. Dabei wird stets geprüft, ob die Befürchtungen, die man vorher hatte, in der Realität tatsächlich eintreten, also ob man sich beispielsweise wirklich so unansehnlich findet, wie man zunächst gedacht hat, oder ob andere Personen ihr Missfallen äußern. Da dies in der Regel nicht der Fall ist, können bestehende Befürchtungen und Ängste abgebaut werden.

Sich gewöhnen

Die wiederholte, gezielte Konfrontation mit dem Befürchteten soll dazu führen, dass eine Gewöhnung eintritt, bis man die gefürchtete Situation nach und nach gelassener erleben kann – man verlernt die Angst. Auf diese Weise können fast alle Ängste besiegt werden, und selbst die schlimmsten Befürchtungen verlieren ihren Schrecken.

Etwas aushalten

Jede Konfrontation führt zunächst zu inneren Spannungen, die unangenehm sind. Eine spontane Reaktion darauf wäre, die Konfrontation sofort abzubrechen und wegzurennen. Allerdings stellt sich auf diese Weise keine Verbesserung ein. Daher ist es notwendig, zu bleiben und Spannungen, Ängste und andere unangenehme Gefühle eine Weile lang auszuhalten.

Sich entspannen

Die Konfrontation ist anstrengend, soll aber natürlich nicht zur Qual werden. Damit sich positive Erfahrungen und Gewöhnung einstellen können, muss die Konfrontation mit Entspannung kombiniert werden. Es gibt verschiedene Vorgehensweisen, zum Beispiel hilft es, sich in eine entspannte, gelöste Stimmung vor einer Konfrontation zu versetzen; auch während und zwischen den Konfrontationen können Entspannungstechniken eingesetzt werden. Entspannung trägt dazu bei, Ängste zu meistern und innere Spannungen abzubauen.

Folgende Übungen können Ihnen dabei helfen, das soeben Beschriebene umzusetzen:

Übung 1: Befürchtungen überprüfen

Überlegen Sie, was Sie im Zusammenhang mit Ihrem Aussehen befürchten. Haben Sie vielleicht Angst, angestarrt zu werden, wenn Sie Ihren »Makel« nicht verstecken? Fürchten Sie spöttische Bemerkungen oder Zurückweisungen? Vermeiden Sie es, öffentlich aufzutreten, gefilmt oder fotografiert zu werden? Meiden Sie bestimmte Orte wie zum Beispiel Sportplätze, Schwimmbäder, Saunen, Tanzsäle oder Umkleidekabinen wegen Ihres Aussehens? Schreiben Sie sich alles auf, was Sie wegen Ihres Aussehens unternehmen und was Sie genau befürchten. Weiterhin ist es sinnvoll zu überlegen, wie stark Sie durch Ihr Vermeidungsverhalten in Ihrem Leben eingeschränkt werden. Schmerzt es Sie, dass Sie bestimmte Dinge nicht (mehr) tun? Haben Sie dadurch weniger Spaß und Abwechslung im Leben? Leidet Ihre Familie oder Ihr Freundeskreis darunter? Grübeln Sie viel? Empfinden Sie Ängste und

Scham, wenn Sie an Situationen denken, bei denen Ihr Aussehen eine Rolle spielen könnte? Wenn Sie feststellen, dass Sie unter dem aktuellen Zustand leiden, dann ist der Zeitpunkt gekommen, um aktiv zu werden. Legen Sie sich einen Plan zurecht. Notieren Sie, wie und wann Sie vorgehen wollen.

Der erste Schritt besteht darin, eine Handlung auszuführen, die nur geringfügig schwierig für Sie ist, zum Beispiel sich weniger zu schminken oder verhüllende Gewänder wegzulassen und sich dann unter Menschen zu begeben. Verhalten Sie sich dabei so ungezwungen wie möglich, und beobachten Sie, wie andere auf Sie reagieren. Wenn Sie merken, dass Ihre Befürchtungen gar nicht eintreffen, dass Sie nicht angestarrt oder »seltsam« behandelt werden, dann können Sie zum zweiten Schritt übergehen und den Schwierigkeitsgrad Ihrer Übungen erhöhen. Wenn sie zum Beispiel Probleme mit Ihrer Figur haben, dann könnten Sie einmal versuchen, ein eng anliegendes Kleidungsstück zu tragen und damit durch eine volle Fußgängerzone zu spazieren. Oder Sie verzichten einmal auf jegliches Make-up und beobachten, wie Ihre Mitmenschen darauf reagieren. Sie werden feststellen, dass Sie mit jedem Mal selbstsicherer werden und die gefürchteten Reaktionen der Mitmenschen höchstwahrscheinlich ausbleiben. Die Übung ist dann erfolgreich, wenn Sie keine Angst mehr haben, sich so zu zeigen, wie Sie sind.

Eine Variante dieser Übung besteht darin, andere Leute wie zum Beispiel eine Kollegin oder einen Bekannten anzusprechen und zu fragen, was sie spontan über Ihr Aussehen denken. Das erfordert schon ein wenig Mut. Sie werden aber in der Regel feststellen, dass die meisten Menschen Sie nicht so streng beurteilen wie Sie selbst, und das kann sehr erleichternd wirken. Eine weitere Erkenntnis, die sich aus dieser Übung ergibt, ist, dass die meisten Menschen nicht ausschließlich oder überhaupt nicht auf Ihre »Makel« achten – auch das ist entlastend.

Übung 2: Tun und lassen

Wenn Menschen mit ihrem Körper unzufrieden sind, dann kann es sein, dass sie ihre Verhaltensweisen daran anpassen. Sie hüllen sich in weite Gewänder, kaufen teure Kosmetika, gehen selten unter Leute oder lassen sich sogar operieren. Überlegen Sie nun, was Sie alles unterlassen, damit Ihnen Ihr Aussehen nicht noch mehr Probleme bereitet. Zeigen Sie sich nie in kurzer oder enger Kleidung? Meiden Sie bestimmte Orte? Haben Sie Sportarten aufgegeben? Verstecken Sie sich zuhause? Dreht sich Ihr Verhalten überwiegend um Ihr Problem, macht es Sie unfrei, oder dominiert es Ihre Gedanken?

Wenn Sie der Meinung sind, dass Sie sich von diesem Vermeidungsverhalten verabschieden wollen, dann empfehle ich Ihnen, eine Liste zu erstellen, auf der Sie alles notieren, das Sie wegen Ihres Aussehens tun oder lassen. Überlegen Sie nun, ob Sie sich mit diesen Verhaltensweisen wohlfühlen. Denken Sie darüber nach, wie Sie es schaffen können, auf die Verhaltensweisen zu verzichten oder sogar das Gegenteil zu tun. Notieren Sie sich, was Sie konkret tun wollen und wann Sie die Übung ausführen werden. Fangen Sie am besten mit kleinen Schritten an. Wenn Sie früher gerne gelaufen oder geschwommen sind, dann nehmen Sie die Aktivität einfach wieder auf. Gehen Sie so auch für andere Lebensbereiche vor, zum Beispiel im Hinblick auf soziale Kontakte oder Freizeitgestaltung. Überlegen Sie, wie Sie in diesen Lebensbereichen wieder aktiver werden können, und notieren Sie Ihre Ideen. Untersagen Sie sich bitte nichts, sondern wagen Sie sich Stück für Stück immer weiter vor. Sie werden sehen: Die Freude, endlich wieder zu laufen oder zu schwimmen oder etwas anderes Schönes zu tun, überwiegt bei Weitem die Angst, von anderen schräg angesehen oder ausgelacht zu werden. Daneben könnten Sie sich bemühen, bestimmte Verhaltensweisen aufzugeben. Kaufen Sie sich zum Beispiel ein Kleid, das Ihre Vorzüge betont, anstatt sich in Sack und Asche zu hüllen. Fordern Sie von sich jedoch keine Perfektion oder übermäßige Disziplin, und versuchen Sie, Ihr Aussehen nicht ständig zu kontrollieren. Diese Übung lässt sich nicht in wenigen Stunden oder Tagen bewältigen. Es ist vielmehr ein längerer Prozess, bei dem Sie sich nach und nach von unnützem Ballast befreien können und an Lebensqualität gewinnen werden.

Übung 3: Neues wagen

Das Leben der meisten Menschen bewegt sich in ganz bestimmten Bahnen, Ihres möglicherweise auch. Bei diesen Bahnen handelt es sich um Routinen und Gewohnheiten, deren Beibehaltung einerseits bequem ist, die aber andererseits einer Weiterentwicklung und der Entdeckung von Neuem entgegensteht. Was die Beziehung zu Ihrem Körper angeht, können Sie davon profitieren, wenn Sie einmal aus Ihren Bahnen ausbrechen und etwas anders machen als bisher. Sie könnten sich zum Beispiel einmal von Kopf bis Fuß umstylen lassen, um zu erfahren, wie es sich als ganz anderer Typ lebt. Oder sie könnten eine Zeit lang ausprobieren, wie es ist, sich sehr gesund oder auch mal ganz ungesund zu ernähren – nur um zu spüren, wie es ist und was passiert. Sie werden sehen: Jede Veränderung fordert Sie heraus, lehrt sie etwas über Ihren Körper, lenkt Sie von den Sorgen um Ihr Aussehen ab und gibt Ihnen ganz allgemein neue Impulse.

Übung 4: Lockerer werden

Die ständige Sorge um das Aussehen strengt an, lässt Sie verkrampfen und macht auf Dauer müde und krank. Eine Lösung ist, sich weniger zu sorgen, eine andere, sich öfter zu entspannen. Überlegen Sie, in welchen Situationen Sie locker und gelöst sind. In der Badewanne oder unter einer kuscheligen Decke? Nach getaner Arbeit, nach einer Runde Jogging, bei einem lustigen Film oder nach einer heißen Tasse Tee? Wenn Sie Urlaubsbilder betrachten, romantische Musik hören oder sich in Gedanken an Ihren Lieblingsort versetzen? Suchen Sie solche Situationen und Orte gezielt auf, um immer mal wieder alle Sorgen, die Sie belasten, zu vergessen. Ruhen Sie sich aus, und gönnen Sie sich Pausen. Lenken Sie Ihre Gedanken auf etwas Angenehmes, und blenden Sie alles aus, was mit Ihrem Aussehen zu tun hat. Vielleicht helfen Ihnen auch meditative Verfahren und Entspannungsübungen wie etwa die progressive Muskelrelaxation nach Jacobson, Achtsamkeitsübungen, Yoga oder bestimmte Atemtechniken. Auf diese Weise gewinnen Sie Abstand von Sorgen wegen Ihres Aussehens, verringern Ihre innere Anspannung und erleben nebenbei, dass Ihr Körper nicht nur ein Problem ist, sondern auch dazu beitragen kann, dass Sie sich wohlfühlen.
Auch diese Übung sollten Sie nicht nur einmal durchführen, sondern regelmäßig. Bauen Sie sie in Ihren Alltag ein, und vereinbaren Sie mit sich feste Termine, zu denen Sie sagen: »Das ist jetzt meine

Zeit!« Sie werden dadurch nicht nur entspannter mit Ihrem Körper umgehen können, sondern allgemein lockerer werden und die Dinge gelassener sehen.

3.10 Rückfälle vermeiden

Auch wenn Sie sich mittlerweile ein stabileres Selbstwertgefühl und eine positivere Haltung gegenüber Ihrem Körper erarbeitet haben, sollten Sie sich bewusst sein, dass Schwankungen in Ihrem Empfinden ganz normal sind. Das kann sogar so weit gehen, dass Sie gelegentlich in alte Denk- und Verhaltensmuster zurückfallen, von denen Sie glaubten, sie ein für alle Mal hinter sich gelassen haben. Lassen Sie sich davon jedoch bitte nicht allzu sehr entmutigen! Schwankungen und größere oder kleinere Rückfälle sind normal und kommen bei jeder Art Training, Behandlung oder Selbsthilfe vor. Sie sind Zeichen eines inneren Prozesses, die Sie als Chance und Herausforderung auffassen können. Auch wenn Sie gelegentlich in alte Verhaltensweisen zurückfallen, war Ihre Arbeit an Ihrer Einstellungsveränderung nicht umsonst, denn Sie haben sich damit eine Grundlage erarbeitet, auf der Sie aufbauen können und die Ihnen hilft, schnell aus dem Tief wieder herauszufinden.

Wappnen Sie sich

Möglichen Rückfällen können Sie am besten begegnen, indem Sie sich überlegen, wann Sie auftreten könnten. Welche Situationen könnten einen Rückfall auslösen? Denken Sie zum Beispiel an Kleidungskauf und Umkleidekabinen, an große Fensterflächen und Spiegel, an eine unfreundliche Bemerkung oder an Bilder von Models in Werbeanzeigen, im Fernsehen oder in Zeitschriften. Das alles könnte dazu führen, dass Sie erneut mit Ihrem Äußeren unzufrieden werden und Ihren Körper ablehnen.

Überlegen Sie sich daher rechtzeitig, wie Sie sich in solchen Situationen konstruktiv verhalten können, ohne in alte Verhaltensmuster zurückzufallen. Damit Sie Ihre Strategien für alle Fälle parat haben, können Sie sich in einer ruhigen Stunde eine Liste anlegen,

in die Sie ganz persönliche Strategien auf die Frage »Was mache ich, wenn …?« notieren.
Beobachten Sie auch Ihre Stimmungslage. Wenn Sie merken, dass sie ins Negative umschlägt, dass Sie sich wieder überkritisch betrachten und dass Sie beginnen, Ihren Körper abzulehnen, dann könnten Sie den »Notfallkoffer« herausholen, den Sie sich vorher zurechtgelegt haben, und zum Beispiel Folgendes tun:

Lenken Sie sich ab

Beschäftigen Sie sich ganz schnell mit etwas anderem, entweder mit einem Körperteil, den Sie gerne mögen, oder mit einer Aktivität wie zum Beispiel eine Melodie zu summen. Sie können auch an Ihren Lieblingswitz denken, mehrmals tief durchatmen, sich ein paarmal kurz kneifen oder Musik anmachen. Oft hilft auch Bewegung. Laufen Sie los, oder wechseln Sie Ihre Position.
Ein simples, aber wirksames Mittel, um sich zu beruhigen und den Kopf frei zu bekommen, ist übrigens Schlafen. Legen Sie sich hin, und wenn Sie aufwachen, sieht vieles schon ganz anders aus.

Schaffen Sie sich Ventile

Frustration, Ärger, Wut und andere negative Emotionen können großen Schaden anrichten, wenn sie verleugnet oder unterdrückt werden. Suchen Sie sich stattdessen ein Ventil, also eine Möglichkeit, um Ihre Gefühle herauszulassen, ohne sich und anderen Schaden zuzufügen. Sehr effektiv ist immer Schreien oder Weinen, wo einen niemand hören und sehen kann, etwa in einem einsamen Waldstück. Wenn Ihnen dies nicht ohne Weiteres möglich ist, dann versuchen Sie, andere Wege zu finden, zum Beispiel einige Meter rennen, schwimmen gehen, Rad fahren oder laufen, hämmern, hacken, boxen, kneten, draufhauen und vieles mehr. Lassen Sie Ihre Gefühle jedoch nie an anderen Lebewesen oder an sich selbst aus, sondern suchen Sie sich totes Material, wie Holz oder ein Kissen.

Geben Sie spontanen Impulsen nicht nach

Beobachten Sie Ihre Gedanken, Gefühle und Verhaltensweisen, und sagen Sie »Stopp!«, wenn Sie merken, dass Sie in alte, ungünstige Verhaltensweisen zurückfallen. Suchen Sie sich anschließend rasch andere Beschäftigungen, am besten solche, die sinnvoll sind und Ihnen Freude bereiten.

Halten Sie sich an das, was Sie sich erarbeitet haben

Sagen Sie sich, dass Sie es nicht jedem recht machen müssen. Überzeugen Sie sich, dass nichts Dramatisches passieren wird, wenn Sie sich nicht verstecken. Probieren Sie aus, wie Sie Ihre Vorteile am besten zur Geltung bringen. Überlegen Sie sich, was Sie persönlich alles schön und attraktiv finden. Starren Sie nicht auf Ihre »Makel«, sondern betrachten Sie Ihre Schokoladenseiten. Nehmen Sie das Thema »Aussehen« generell nicht so wichtig.

Das alles sind Einstellungen und Denkweisen, die Sie sich mittlerweile erarbeitet haben. Nutzen Sie sie gezielt, um sich besser zu fühlen. Falls Ihnen solche Dinge nicht automatisch einfallen, schreiben Sie sie auf kleine Zettel, und verteilen Sie die Zettel in Ihrer Wohnung, oder tragen Sie einen Zettel immer in der Hand- oder Hosentasche.

Lassen Sie sich helfen

Sprechen Sie mit anderen über Ihre Zweifel und Ängste, und lassen Sie sich Tipps geben, wie Sie damit umgehen können, oder fragen Sie, wie andere ihre Ängste bewältigen. Lesen Sie Ratgeber (zum Beispiel dieses Buch), oder nehmen Sie an Selbsthilfegruppen teil. Falls Sie glauben, überhaupt nicht mit Ihrem Aussehen klarzukommen, suchen Sie eine psychologische oder psychotherapeutische Beratungsstelle, Praxis oder Ambulanz auf (s. Adressen und Informationen).

Ein besonderes Problem stellen negative Bemerkungen über das Aussehen dar. Dies kommt zwar im Alltag relativ selten vor, trotzdem kann es passieren, dass jemand ausgerechnet Ihren vermeintlichen »Makel« anspricht, sei es, dass er sich lustig macht oder sich sorgt. Auch Kinder, die die allgemeinen Höflichkeitsregeln noch nicht verinnerlicht haben, können ungewollt verletzende Äußerungen von sich geben. Um zu vermeiden, dass Sie dadurch wieder zurückgeworfen werden, können Sie folgende Strategie einsetzen:

Ignorieren

Diese Strategie wirkt gut bei Personen, die Sie nicht kennen, zum Beispiel bei Jugendlichen, die Ihnen auf der Straße eine gehässige Bemerkung hinterherrufen. Die Angreifer wollen mit ihrem Verhalten nämlich Aufmerksamkeit erregen, ihren Freunden imponieren, sich wichtigmachen und Sie provozieren. Wenn Sie aber gar nicht darauf reagieren und einfach weghören und weitergehen, erreichen sie ihr Ziel nicht und werden schnell von Ihnen ablassen. Vielleicht fühlen Sie sich trotzdem getroffen. Sagen Sie sich dann, dass es Quatsch ist, was die Angreifer sagen oder tun, schließlich kennen diese Leute Sie ja gar nicht. Außerdem haben sie keine Manieren, und das wird ihnen wahrscheinlich in vielen Bereichen schaden. Zudem ist ihr Leben offensichtlich langweilig, oder sie scheinen nichts zu tun zu haben, sonst hätten sie es nicht nötig, sich mit Ihnen zu beschäftigen.

Thema wechseln

Wenn jemand eine dumme Bemerkung macht, gehen Sie einfach nicht darauf ein. Zeigen Sie keine Reaktion, und tun Sie so, als hätten Sie es nicht gehört. Schneiden Sie stattdessen ein ganz anderes Thema an. Diese Strategie ist eine Variante der Strategie »Ignorieren«. Sie eignet sich, wenn Sie von einer Person provoziert werden, die Ihnen bekannt ist. Sie zeigen dadurch, dass mit der Provokation nicht der gewünschte Effekt erzielt wird und Sie sich nicht aus der Ruhe bringen lassen. Die Strategie ist auch dann geeignet, wenn weitere Zuhörer anwesend sind. Ihre Nichtreaktion signalisiert ihnen, dass Sie souverän über der Sache stehen. Möglicherweise wird auch der Angreifer durch seine eigene Taktlosigkeit bloßgestellt. Darüber hinaus können Sie durch einen Themenwechsel die anderen geschickt von Ihrer Person und von der Beleidigung ablenken, sodass sie schnell wieder in Vergessenheit gerät. Sie vermeiden dadurch nicht nur Streit, sondern zeigen, dass die Sache nicht wichtig ist und dass Sie dem Angreifer überlegen sind.

Lachen

Lächeln oder lachen Sie über die Beleidigung, und triumphieren Sie dadurch über denjenigen, der Sie verbal angegriffen hat. Sie zeigen ihm nämlich, dass er Sie nicht treffen kann und dass Sie die Beleidigung nicht ernst nehmen oder sogar als Scherz auffassen können. Außerdem vermeiden Sie, dass er merkt, womit er Sie treffen kann. Sie können auch versuchen, Witze über Ihr Aussehen zu machen. Sie beweisen damit, dass Sie locker damit umgehen und über sich selbst lachen können. Aber Vorsicht: Machen Sie nie Scherze auf Ihre Kosten, sondern zeigen Sie immer, dass Sie sich achten. Sie haben es nämlich nicht nötig, sich zu erniedrigen oder bei anderen einzuschmeicheln.

Wiederholen und übertreiben

Gehen Sie gezielt auf die Anspielung und Beleidigung ein, indem Sie sie in Ihre Sätze einbauen, zum Beispiel: »Ich würde ja gerne, aber da ich ja bekanntlich so dick bin ...« oder: »Wie wir ja alle wissen, ist meine Nase krumm, deshalb ...« Lehnen Sie mit ähnlichen Begründungen auch Wünsche und Forderungen des Angreifers ab, zum Beispiel: »Ich kann leider ... nicht tun, weil ich abstehende Ohren habe.« Sagen Sie solche Dinge so oft, bis es niemand mehr hören kann. Sie zeigen damit, dass Sie sich Ihres »Problems« bewusst sind und dass Sie selbstironisch damit umgehen. Außerdem nehmen Sie weitere Kritik vorweg, denn wenn Sie selbst sagen, dass Sie einen »Makel« haben, dann können die anderen ja leicht darauf verzichten, und jede Beleidigung in dieser Richtung verfehlt ihre Wirkung. Auf diese Weise wird das Thema irgendwann langweilig und erledigt sich von selbst.

Kontern

Geben Sie dem Angreifer Kontra, indem Sie schlagfertig auf einen »Makel« bei ihm anspielen. Das muss nicht unbedingt ein äußerer »Makel« sein, sondern auch eine Charakterschwäche, zum Beispiel Überlegenheitsgefühle, Arroganz, Taktlosigkeit oder Intoleranz. Sie sollten das allerdings geschickt machen, nämlich so, dass man es noch als vergnüglichen Schlagabtausch auffassen kann. Ansonsten geben Sie zu, dass der Angreifer Sie getroffen hat, und außerdem wollen Sie sich vermutlich nicht auf sein Niveau herablassen.

Nachfragen
Sprechen Sie den Angreifer unter vier Augen darauf an, warum er meint, Sie beleidigen zu müssen. Lassen Sie nicht locker, und gestatten Sie keine Ausreden, sondern versuchen Sie, mehr über seine Motive zu erfahren. Daraus ergibt sich manchmal ein Gespräch, das eine Menge über die Probleme des Angreifers offenbart. Die Strategie eignet sich, wenn Sie immer wieder angegriffen werden, ohne es provoziert zu haben, und wenn Ihnen an einer längeren Beziehung mit dem Angreifer etwas liegt (oder liegen muss). Sie lässt sich beispielsweise bei Familienmitgliedern, Bekannten oder Kollegen einsetzen.

Offensiv sein
Nehmen Sie eine spitze Bemerkung zum Anlass, um von sich aus über Ihre »Makel« zu sprechen. Erklären Sie ganz ruhig und sachlich, dass Sie wissen, dass Sie diesen »Makel« haben, und fragen Sie eventuell nach, ob Sie berichten sollen, wie es dazu kam, wie Sie dazu stehen und wie Sie damit umgehen (zum Beispiel wenn es sich um ein Familienmerkmal handelt oder wenn Sie einen Unfall hatten). Entschuldigen, verachten oder bedauern Sie sich nicht, rechtfertigen Sie sich nicht, und erwarten Sie kein Mitleid, sondern zeigen Sie nur, dass Sie wissen, dass es so ist. Sie geben damit zu verstehen, dass Sie nicht extra von anderen darauf hingewiesen werden müssen, sondern sich selbst damit auseinandersetzen. Sie bieten außerdem die Gelegenheit zu einem Gespräch, bei dem sich möglicherweise herausstellt, dass der Angreifer selbst Ängste und Selbstzweifel wegen seiner »Makel« oder große Selbstwert- und Körperbildprobleme hat. Vielleicht ergeben sich daraus sogar Verständnis, Toleranz und gegenseitige Unterstützung – probieren können Sie es ja mal.

Sich beruhigen
Lassen Sie sich nicht von Ihren Gefühlen überwältigen, wenn Sie angefeindet werden. Versuchen Sie, die Kontrolle über sich zu behalten, indem Sie zum Beispiel ein paar tiefe Atemzüge machen, sich kurz entfernen und in irgendeiner Weise ablenken. Überreden Sie sich dazu, das Gesagte nicht ernst zu nehmen. Denken Sie nicht

emotional aufgewühlt über sich und Ihr Äußeres nach, sondern beruhigen Sie sich erst; anschließend sollten Sie den Angriff und Ihre Gefühle nüchtern analysieren. Nehmen Sie eine Beleidigung auf keinen Fall zum Anlass, Selbstkritik zu üben, Ihr Äußeres abzuwerten oder sich darüber aufzuregen. Sagen Sie sich, dass Ihre negativen Gefühle auch wieder verschwinden und dass schließlich niemand perfekt ist. Wenn Sie lernen möchten, wie Sie sich gezielt und schnell selbst beruhigen können, sollten Sie sich ein Entspannungsverfahren aneignen, zum Beispiel die progressive Muskelrelaxation nach Jacobson.

Machen Sie sich immer wieder klar, dass Sie auch in Zukunft gute und schlechte Tage mit Ihrem Körper und Ihrer Meinung über Ihr Aussehen erleben werden. Vermeiden Sie es aber, die Sache pessimistisch zu betrachten oder sich in negative Vorahnungen hineinzusteigern, denn immerhin haben Sie bereits ein gutes Fundament geschaffen, um insgesamt auf eine stetige Verbesserung Ihres Selbstwertgefühls und Körperbilds hoffen zu können. Außerdem sollten Sie sich klarmachen, dass es sicher nicht reichen wird, einen Ratgeber zu lesen und sich einmal gut zuzureden. Es ist vielmehr wichtig, dass Sie immer wieder an sich arbeiten und Ihre Gedanken, Einstellungen und Verhaltensweisen hinsichtlich Ihres Aussehens immer wieder überprüfen, kontrollieren und gegebenenfalls korrigieren. Bleiben Sie nicht auf der Stufe stehen, die Sie jetzt vielleicht erreicht haben, sondern vertiefen Sie einzelne Übungen und Strategien, wiederholen Sie sie, oder denken Sie sich selbst welche aus.
Bitte fühlen Sie sich nicht schuldig, und bestrafen Sie sich nicht, wenn Sie Rückschläge erleben. Es gibt kein dauerhaft positives Körperbild und kein stabil hohes Selbstwertgefühl, denn sie unterliegen Veränderungen und Schwankungen und müssen manchmal mehrmals im Leben neu aufgebaut werden (zum Beispiel nach einer schweren Krankheit). Sie wissen jetzt aber, wie Sie es schaffen können, eine positive Beziehung zu Ihrem Äußeren herzustellen und sie aufrechtzuerhalten.

3.11 Vorbild für andere sein

Sie haben nun erfahren, was Sie für sich selbst tun können. Es kann aber auch bereichernd sein, für andere ein Vorbild zu sein und ihnen zu vermitteln, was sie für eine positivere Beziehung zu ihrem Körper tun können.

Sich selbstbewusst zeigen

Wenn Menschen, die ihr Aussehen nicht akzeptieren, sich ständig verstecken, dann gewinnen die gängigen Schönheitsideale in den Medien und in der Öffentlichkeit immer mehr Oberhand. Das wäre sehr schade, denn Menschen sind vielfältig und nicht monoton, und es wäre geradezu langweilig, wenn nur noch Personen auf den Straßen, in Restaurants oder im Fernsehen zu sehen wären, die im herkömmlichen Sinne gut aussehen. Für alle mit Körperbildproblemen heißt es daher: Raus ins Leben! Das tut nicht nur jedem Betroffenen selbst gut, sondern macht gleichzeitig denjenigen Mut, die sich (noch) nicht trauen, trotz eines vermeintlichen »Makels« ganz normal zu leben.[97]

Andere stärken

Das Leben mit körperlichen Unzulänglichkeiten ist nicht einfach, ganz besonders dann nicht, wenn man sich sehr daran aufreibt. Auch wenn Sie selbst betroffen sind, ist es vielleicht eine Überlegung wert, anderen eine Stütze zu sein, zum Beispiel einem Kind oder einer Freundin. Das können Sie am besten, indem Sie diese Menschen annehmen, wie sie sind. Das hört sich einfacher an, als es manchmal ist, denn es kann eine Herausforderung sein, jemanden zu beruhigen und ihm Mut zuzusprechen, der voller Selbstkritik ist und an seinem Aussehen kein gutes Haar lässt.

Sie unterstützen die Betroffenen darin, sich mit ihrem Körper zu versöhnen und Abstand von den Sorgen wegen ihres Äußeren zu gewinnen, indem Sie sie zu angenehmen Aktivitäten anregen und den vermeintlichen »Makel« außen vor lassen. Sie können ihnen durch Gespräche und vielleicht auch durch Ihr Vorbild dabei helfen, sich von gängigen Schönheitsidealen zu lösen und ganz eigene Vorstellungen von Schönheit zu entwickeln. Und wenn Sie sich sowohl positiv über ihr Aussehen als auch über ihre Stärken, Fähigkeiten, Talente oder Erfolge äußern, unterstützen Sie sie dabei, sich auf ihre vielen anderen Seiten zu besinnen.

Sich selbst wertschätzen

Es steht schon in der Bibel: Liebe deinen Nächsten wie dich selbst. Im Zusammenhang mit dem Körperbild bedeutet dies: Nur wenn du dich selbst wertschätzt, akzeptierst und achtest, kannst du dies auch anderen entgegenbringen. Es gilt also, stets an sich selbst zu arbeiten. Das kann bedeuten, schlechte Stimmungen nicht mit dem Äußeren in Verbindung zu bringen, die Unzufriedenheit zu hinterfragen und die eigenen Bedürfnisse zu ergründen, ohne den vermeintlichen »Makeln« die Schuld zu geben oder in ihrer Beseitigung die Lösung allen Übels zu sehen. Es bedeutet außerdem, gut zu sich selbst zu sein, auf sich aufzupassen und sich selbst zu fördern, zu unterstützen, zu loben und aufzubauen, vor allem dann, wenn es einem schlecht geht, aber auch zu jeder anderen Zeit. Machen Sie sich zum Beispiel selbst Komplimente, haben Sie deshalb aber kein schlechtes Gewissen. Wenn Sie sich selbst mit netten Worten ein wenig aufmuntern, sind Sie nicht eitel, sondern sorgen lediglich dafür, dass Sie sich selbst in einem freundlichen Licht betrachten und sich in Ihrer Haut wohlfühlen können. Warten Sie nicht, bis andere sich um Sie kümmern, sondern kümmern Sie sich um sich wie um den liebsten Menschen, den Sie auf der Welt haben. Die Fürsorge, die Sie sich selbst entgegenbringen, wird Ihnen so guttun, dass Sie die Kraft haben werden, auch andere vorbehaltlos anzunehmen und für sie da zu sein.

Schlussbemerkung

Zu einem positiven Körperbild und zur Zufriedenheit mit dem eigenen Aussehen zu gelangen, ist kein leichtes Unterfangen. Es wäre aber wesentlich einfacher, wenn nicht jeder als Einzelkämpfer seinen Weg gehen würde, sondern wenn sich viele Menschen weltweit zusammenschließen und gegenseitig unterstützen würden, zum Beispiel Personen, die unter ihrem Aussehen leiden, Ärzte und Therapeuten, die die Betroffenen beraten und begleiten, sowie Werbe- und Modemacher und Medienleute, indem sie kein alleiniges Schönheitsideal mehr propagieren, sondern ein breites Spektrum an menschlicher Vielfalt auf Laufstegen, auf Fotos, in Filmen, in Printmedien und im Internet präsentieren.

Unterstützung sollte aber auch seitens der Politik kommen. Es könnten Autoren, Medienmacher, Verbraucherschützer und andere Personen gefördert werden, die sich kritisch mit dem Druck, stets schlank und schön zu sein, auseinandersetzen, die die Geschäftemacherei der Schönheitsindustrie anprangern und die über Risiken und Gefahren des Schönheitskults aufklären. Aufgabe der Politik wäre es auch, Medien und Medienprodukte zu kontrollieren, die bereits bei Kindern und Jugendlichen starke Selbstzweifel und das Bedürfnis nach körperlichen Veränderungen durch Diäten oder Schönheitsoperationen und anderes wecken.

Die Politik kann jedoch nicht alles regeln. Veränderungen müssen daher auch von der Gesellschaft ausgehen. Es wäre beispielsweise notwendig, sich stärker mit den gängigen Schönheitsidealen – insbesondere mit Schlankheit und Muskulosität – auseinanderzusetzen, zum Beispiel mit ihrer Entstehung, ihrem Sinn und ihren Auswirkungen. Das kann in den Familien geschehen, aber auch in der Schule oder in der Jugendgruppenarbeit. Eine weitere wichtige Aufgabe bestände darin, sich über die Hintergründe und Interessenlagen klar zu werden, zum Beispiel darüber, wer mit dem Schönheitskult gut verdient. Hierzu gehört auch, über die Vorgehensweise und Wirkungen von Werbung und Medien zu informieren. Hinterfragt werden sollte außerdem das verbreitete Bedürfnis, körperlich attraktiv zu sein, sowie das große Interesse am Äußeren und dessen Formung und Gestaltung.

Jetzt aber können Sie erst einmal stolz auf sich sein, denn Sie haben sich durch dieses Buch gearbeitet. Ich hoffe, dass die Übungen und Denkanstöße für Sie hilfreich sind. Ich schlage Ihnen vor, schrittweise vorzugehen und sich immer nur eine Sache vornehmen. Setzen Sie sich kleine Ziele, die nicht zu leicht und nicht zu schwierig für Sie sind und die Sie innerhalb kurzer Zeit relativ sicher erreichen können.
Haben Sie außerdem Geduld mit sich. Lassen Sie sich nicht deprimieren, wenn manches nicht sofort klappt, sondern bemühen Sie sich trotzdem weiter. Sie werden sehen, dass sie Sie sich mit der Zeit immer wohler und kompetenter fühlen und dass Ihre neue, wohlwollende Haltung zu sich selbst und zu Ihrem Körper immer selbstverständlicher werden wird.
Falls Sie jedoch bemerken, dass Sie es alleine nicht schaffen und dass Sie immer wieder Rückschläge erleiden, dann sollten Sie sich professionelle Hilfe suchen (s. Adressen und Informationen).
Nun wünsche ich Ihnen viel Erfolg und Spaß mit den Übungen und Denkanstößen in diesem Buch und hoffe, dass meine Anregungen dazu beitragen können, dass Sie im Einklang mit Ihrem Körper mehr Gelassenheit und Zufriedenheit erleben werden.

Anmerkungen

1 Vgl. Swami et al. 2010
2 Vgl. Sarwer et al. 2006
3 Vgl. Grossbard et al. 2011
4 Vgl. z. B. Sypeck et al. 2004
5 Vgl. Veale et al. 2009
6 Vgl. Sarwer et al. 2006
7 Vgl. z. B. Hassebrauck & Niketta 1993; Lorenzo et al. 2006; Naumann 2006; Sarwer et al. 2006
8 Vgl. Lemay et al. 2010
9 Vgl. Veale et al. 2009
10 Vgl. Diedrichs et al. 2011
11 Vgl. Sarwer et al. 2006
12 Vgl. z. B. Cash 2008; Cash & Smolak 2011; Legenbauer & Vocks 2010
13 Vgl. Rumsey & Harcout 2004
14 Vgl. Rodgers et al. 2009; Sarwer et al. 2006
15 Vgl. Cash & Smolak 2011; Kluck 2010
16 Vgl. Jaffe & Worobey 2006
17 Vgl. Cash 1995
18 Vgl. Gondoli et al. 2011; Helfert & Warschburger 2011
19 Vgl. Sherry et al. 2009
20 Vgl. Dalley et al. 2009
21 Vgl. Etu & Gray 2010
22 Vgl. Vartanian & Hopkinson 2010
23 Vgl. Lambrou et al. 2011
24 Vgl. Phillips & Kaye 2007
25 Vgl. Fitzsimmons-Craft et al. 2012
26 Vgl. Knauss et al. 2007; Van den Berg et al. 2007
27 Vgl. Petersen 2005
28 Vgl. z. B. Frederick et al. 2005; Wasylkiw et al. 2009
29 Vgl. Slevec & Tiggemann 2011
30 Vgl. Meier et al. 2004
31 Vgl. Dittmar et al. 2006
32 Vgl. Cantone 2012; Pope et al. 1999
33 Vgl. Barlett & Harris 2008
34 Vgl. Barlett & Harris 2008
35 Vgl. Holmqvist & Frisén 2010
36 Vgl. Dunkel et al. 2010
37 Vgl. Kronenfeld et al. 2010
38 Vgl. Forbes & Frederick 2008; Veale et al. 2009

39 Vgl. Kronenfeld et al. 2010
40 Vgl. Sarwer et al. 2006
41 Vgl. Bailey 2010; Fritzsimmons et al. 2012
42 Vgl. Sarwer et al. 2006
43 Vgl. Jung & Peterson 2007
44 Vgl. Knauss et al. 2007
45 Vgl. Arbour & Ginis 2006
46 Vgl. Sarwer et al. 2006
47 Vgl. Cash 2008
48 Vgl. O'Brien et al. 2007; Roddy et al. 2010
49 Vgl. Britton et al. 2006; Tompkins et al. 2009; Tucker et al. 2007
50 Vgl. Saguy & Gruys 2010
51 Vgl. Bissell & Hays 2011
52 Vgl. Cotugna & Mallick 2010; Lin & Reid 2009
53 Vgl. Dworking & Wachs 2004; Goldenberg et al. 2007
54 Vgl. Thomsen et al. 2002
55 Vgl. Mazzeo et al. 2007, Sheldon 2010
56 Vgl. Kowalsky & Leary 2004
57 Vgl. Van den Berg et al. 2010
58 Vgl. Gardner 2011
59 Vgl. Standley et al. 2009
60 Vgl. McCabe et al. 2006
61 Vgl. Farrell et al. 2005; Joraschky et al. 2008
62 Vgl. Mussap et al. 2008
63 Vgl. Legenbauer & Vocks 2010
64 Vgl. Cash & Smolak 2011
65 Vgl. Plante 2006
66 Vgl. Brunhoeber 2009
67 Vgl. Phillips 2009
68 Vgl. Phillips & Rogers 2011; Veale et al. 2009
69 Vgl. Antony & Stein 2009; Neziroglu & Cash 2008; Tignol 2007
70 Vgl. Daniel & Bridges 2010
71 Vgl. Hargreaves & Tiggemann 2009
72 Vgl. Wolke & Sapouna 2008
73 Vgl. Frederick & Haselton 2007
74 Vgl. Wolke & Sapouna 2007
75 Vgl. Leit et al. 2002; Wolke & Sapouna 2008
76 Vgl. Juarascio et al. 2011
77 Vgl. Legenbauer et al. 2011
78 Vgl. z.B. Armitage 2012; Brunhoeber 2009; Corsini & Wedding 2005; Lam & Gale 2004
79 Vgl. Cash 2008
80 Vgl. z.B. Swami et al. 2010
81 Vgl. Sarwer et al. 2006
82 Vgl. Markey & Markey 2010; Mazzeo et al. 2007; Swami 2009
83 Vgl. Polonija & Carpiano 2008

84 Vgl. Sarwer et al. 2006
85 Vgl. Sarwer & Crerand 2004
86 Vgl. Mulkens & Jansen 2006
87 Vgl. Sansone & Sansone 2007; Sarwer et al. 2006
88 Vgl. Sarwer et al. 2006
89 Vgl. z. B. Veale et al. 2009
90 Vgl. Cash 2008
91 Vgl. z. B. Nalini & Skowronski 2008
92 Vgl. Brunhoeber 2009
93 Vgl. z. B. Kronenfeld et al. 2010; Swami et al. 2008, 2009
94 Vgl. Cash 2008
95 Vgl. Cash & Smolak 2011; Devaraj & Lewis 2010; Legenbauer & Vocks 2010; McLean et al. 2011; Wilhelm 2006; Wilken 2010
96 Vgl. z. B. Wilken 2010
97 Vgl. Diedrichs & Lee 2011

Literatur

Antony M, Stein M: Oxford handbook of anxiety and related disorders. New York: Oxford University Press 2009

Arbour K, Ginis K: Effects of exposure to muscular and hypermuscular media images on young men's muscularity dissatisfaction and body dissatisfaction. Body Image 2006; 3(2): 153–161

Armitage C: Evidence that self-affirmation reduces body dissatisfaction by basing self-esteem on domains other than body weight and shape. Journal of Child Psychology and Psychiatry 2012; 53(1): 81–88

Bailey S: Social comparisons, appearance related comments, contingent self-esteem and their relationships with body dissatisfaction and eating disturbance among women. Eating Behaviors 2010; 11(2): 107–112

Barlett C, Harris R: The impact of body emphasizing video games on body image concerns in men and women. Sex Roles 2008; 59(7–8): 586–601

Bissell K, Hays H: Understanding anti-fat bias in children. Mass Communication and Society 2011; 14(1): 113–140

Britton L, Martz D, Bazzini D, Curtin L, LeaShomb A: Fat talk and self-presentation of body image. Body Image 2006; 3(3): 247–254

Brunhoeber S: Kognitive Verhaltenstherapie bei körperdysmorpher Störung. Göttingen: Hogrefe 2009

Cantone J: America's leading man. PsycCritiques 2012; 57(3) (electronic)

Cash T: Developmental teasing about physical appearance: Retrospective descriptions and relationships with body image. Social Behavior and Personality 1995; 23(2): 123–129

Cash T: The body image workbook: An 8-step program for learning to like your looks. Oakland: New Harbinger 2008

Cash T, Smolak L: Body image. A handbook of science, practice, and prevention. New York: Guilford Press 2011

Corsini R, Wedding D: Current psychotherapies. Belmont: Thomson Books 2005

Cotugna N, Mallick A: Following a calorie-restricted diet may help in reducing healthcare students' fat-phobia. Journal of Community Health 2010; 35(3): 321–324

Dalley S, Buunk A, Umit T: Female body dissatisfaction after exposure to overweight and thin media images: The role of body mass index and neuroticism. Personality and Individual Differences 2009; 47(1): 47–51

Daniel S, Bridges S: The drive for muscularity in men. Body Image 2010; 7(1): 32–38

Devaraj S, Lewis V: Enhancing positive body image in women. Journal of Applied Biobehavioral Research 2010; 15(2): 103–116

Diedrichs P, Lee C: Waif goodbye! Average-size female models promote positive body image and appeal to consumers. Psychology and Health 2011; 26(10): 1273–1291
Diedrichs P, Lee C, Kelly M: Seeing the beauty in everyday people. Body Image 2011; 8(3): 259–266
Dittmar H, Halliwell E, Ive S: Does Barbie make girls want to be thin? The effect of experimental exposure to images of dolls on the body image of 5- to 8-year-old girls. Developmental Psychology 2006; 42(2): 283–292
Dunkel T, Davidson D, Qurashi S: Body satisfaction and pressure to be thin in younger and older Muslim and non-Muslim women. Body Image 2010; 7(1): 56–65
Dworking S, Wachs F: Getting your body back. Gender and Society 2004; 18(5): 610–624
Etu S, Gray J: A preliminary investigation of the relationship between induced rumination and state body image dissatisfaction and anxiety. Body Image 2010; 7(1): 82–85
Farrell C, Lee M, Shafran R: Assessment of body size estimation. European Eating Disorders Review 2005; 13(2): 75–88
Fitzsimmons-Craft, Harney M, Koehler L, Danzi L, Riddell M, Bardone-Cone A: Explaining the relation between thin ideal internalization and body dissatisfaction among college women: The roles of social comparison and body surveillance. Body Image 2012; 9(1): 43–49
Forbes G, Frederick D: The UCLA Body Project II: Breast and body dissatisfaction among African, Asian, European, and Hispanic American college women. Sex Roles 2008; 58(7–8): 449–457
Frederick D, Fessler D, Haselton M: Do representations of male muscularity differ in men's and women's magazines? Body Image 2005; 2(1): 81–86
Frederick D, Haselton M: Why is muscularity sexy? Personality and Social Psychology Bulletin 2007; 33(8): 1167–1183
Gardner R: What affects body size estimation? Current Psychiatry Reviews 2011; 7(2): 96–103
Goldenberg J, Goplen J, Cox C, Arndt J: Viewing pregnancy as an existential threat: The effects of creatureliness on reactions to media depictions of the pregnant body. Media Psychology 2007; 10(2): 211–230
Gondoli D, Corning A, Salafia E, Buccianeri M, Fitzsimmons E: Hetersocial involvement, peer pressure for thinness, and body dissatisfaction among young adolescent girls. Body Image 2011; 8(2): 143–148
Grossbard J, Neighbors C, Larimer M: Perceived norms for thinness and muscularity among college students. Eating Behaviors 2011; 12(3): 192–199
Hargreaves D, Tiggemann M: Muscular ideal media images and men's body image. Psychology of Men and Masculinity 2009; 10(2): 109–119
Hassebrauck M, Niketta R: Physische Attraktivität. Göttingen: Hogrefe 1993
Helfert S, Waschburger P: A prospective study on the impact of peer and parental pressure on body dissatisfaction in adolescent girls and boys. Body Image 2011; 8(2): 101–109

Holmqvist K, Frisén A: Body dissatisfaction across cultures. European Eating Disorders Review 2010; 18(2): 133–146
Jaffe K, Worobey J: Mothers' attitudes toward fat, weight, and dieting in themselves and their children. Body Image 2006; 3(2): 113–120
Joraschky P, Loew T, Röhricht F: Körpererleben und Körperbild. Stuttgart: Schattauer 2008
Juarascio A, Perone J, Timko A: Moderators of the relationship between body image dissatisfaction and disordered eating. Eating Disorders 2011; 19(4): 346–354
Kluck A: Family influence on disordered eating: The role of body image dissatisfaction. Body Image 2010; 7(1): 8–14
Knauss C, Paxton S, Alsaker F: Relationships amongs body dissatisfaction, internalisation of the media body ideal and perceived pressure from media in adolescent girls and boys. Body Image 2007; 4(4): 353–360
Kowalski R, Leary M: The interface of social and clinical psychology. New York: Psychology Press 2004
Kronenfeld L, Reba-Harrelson L, Von Holle A, Reyes M, Bulik C: Ethnic and racial differences in body size perception and satisfaction. Body Image 2010; 7(2): 131–136
Lam D, Gale J: Cognitive behaviour therapy. Counselling Psychology Quarterly 2004; 17(1): 53–67
Lambrou C, Veale D, Wilson G: The role of aesthetic sensitivity in body dysmorphic disorder. Journal of Abnormal Psychology 2011; 120(2): 443–453
Legenbauer T, Schütt-Strömel S, Hiller W, Vocks S: Predictors of improved eating behaviour following body image therapy. European Eating Disorders Review 2011; 19(2): 129–137
Legenbauer T, Vocks S: Wer schön sein will, muss leiden? Göttingen: Hogrefe 2005
Legenbauer T, Vocks S: Körperbildtherapie bei Anorexia und Bulimia nervosa. Göttingen: Hogrefe 2010
Leit R, Gray J, Pope H: The media's representation of the ideal male body: A cause for muscle dysmorphia? International Journal of Eating Disorders 2002; 31(3): 334–338
Lemay E, Clark M, Greenberg A: What is beautiful is good because what is beautiful is desired. Personality and Social Psychology Bulletin 2010; 36(3): 339–353
Lin L, Reid K: The relationship between media exposure and antifat attitudes. Body Image 2009; 6(1): 52–55
Lorenzo G, Biesanz J, Human L: What is beautiful is good and more accurately understood. Psychological Science 2010; 21(12): 1777–1782
Markey C, Markey P: A correlational and experimental examination of reality television viewing and interest in cosmetic surgery. Body Image 2010; 7(2): 165–171
Mazzeo S, Trace S, Mitchell K, Gow R: Effects of reality TV cosmetic surgery makeover program on eating disordered attitudes and behaviors. Eating Behaviors 2007; 8(3): 390–397

McCabe M, Ricciardelli L, Sitaram G, Mikhail K: Accuracy of body size estimation. Body Image 2006; 3(2): 163–171
McLean S, Paxton S, Wertheim E: A body image and disordered eating intervention for women in midlife. Journal of Consulting and Clinical Psychology 2011; 79(6): 751–758
Meier B, Robinson M, Clore G: Why good guys wear white. Psychological Science 2004; 15 (2): 82–87
Mulkens S, Jansen A: Changing appearances: Cosmetic surgery and body dysmorphic disorder. Netherlands Journal of Psychology 2006; 62(1): 34–41
Mussap A, McCabe M, Ricciardelli L: Implications of accuracy, sensitivity, and variability of body size estimations to disordered eating. Body Image 2008; 5(1): 80–90
Nalini A, Skowronski J: First impressions. New York: Guilford Pub. 2008
Naumann F: Schöne Menschen haben mehr vom Leben. Frankfurt: Fischer 2006
Neziroglu F, Cash T: Body dysmorphic disorder: Causes, characteristics, and clinical treatments. Body Image 2008; 5(1): 1–2
O'Brien K, Hunter J, Halberstadt J, Anderson J: Body image and explicit and implicit anti-fat attitudes. Body Image 2007; 4(3): 249–256
Petersen LE: Der Einfluss von Models in der Werbung auf das Körperselbstbild der Betrachter/innen. Zeitschrift für Medienpsychologie 2005; 17(2): 54–63
Phillips K: Understanding body dysmorphic disorder: An essential guide. Oxford: Oxford University Press 2009
Phillips K, Kaye W: The relationship of body dysmorphic disorder and eating disorders to obsessive-compulsive disorder. CNS Spectrums 2007; 12(5): 347–358
Phillips K, Rogers J: Cognitive-behavioral therapy for youth with body dysmorphic disorder. Child and Adolescent Psychiatric Clinics of North America 2011; 20(2): 287–304
Plante T: Mental disorders of the new millenium. Westport: Praeger Pub. 2006
Polonija A, Carpiano R: Representations of cosmetic surgery and emotional health in women's magazines in Canada. Women's Health Issures 2008; 18(6): 463–470
Pope H, Olivardia R, Gruber A, Borowiecki J: Evolving ideals of male body image as seen through action toys. International Journal of Eating Disorders 1999; 26(1): 65–72
Posch W: Projekt Körper. Frankfurt: Campus 2009
Roddy S, Stewart I, Barnes-Holmes D: Anti-fat, pro-slim, or both? Journal of Health Psychology 2010; 15(3): 416–425
Rodgers R, Paxton S, Chabrol H: Effects of parental comments on body dissatisfaction and eating disturbance in young adults. Body Image 2009; 6(3): 171–177
Rumsey N, Harcourt D: Body image and disfigurement. Body Image 2004; 1(1): 83–97
Saguy A, Gruys K: Morality and health: News media constructions of overweight and eating disorders. Social Problems 2010; 57(2): 231–250

Sansone R, Sansone L: Cosmetic surgery and psychological issues. Psychiatry 2007; 4(12): 65–68
Sarwer D, Crerand C: Body image and cosmetic medical treatments. Body Image 2004; 1(1): 99–111
Sarwer D, Pruzinsky T, Cash T, Goldwyn R, Persing J, Whitaker L: Psychological aspects of reconstructive and cosmetic plastic surgery. Lippincott: Williams and Wilkins 2006
Sheldon P: Pressure to be perfect. Southern Communication Journal 2010; 75(3): 277–298
Sherry S, Vriend J, Hewitt P, Sherry D, Flett G, Wardrop A: Perfectionism dimensions, appearance schemas, and body image disturbance in community members and university students. Body Image 2009; 6(2): 83–89
Slevec J, Tiggemann M: Media exposure, body dissatisfaction, and disordered eating in middle-aged women. Psychology of Women Quarterly 2011; 35(4): 617–627
Standley R, Sullivan V, Wardle J: Self-perceived weight in adolescents. Body Image 2009; 6(1): 56–59
Swami V: Body appreciation, media influence, and weight status predict consideration of cosmetic surgery among female undergraduates. Body Image 2009; 6(4): 315–317
Swami V, Airs N, Chouhan B, Leon M, Towell T: Are there ethnic differences in positive body image among female British undergruates? European Psychologist 2009; 14(4): 288–296
Swami V, Hadji-Michael M, Furnham A: Personality and individual difference correlates in positive body image. Body Image 2008; 5(3): 322–325
Swami V et al: More than just skin deep? Journal of Social Psychology 2010; 150(6): 628–647
Swami V et al: The attractive female body weight and female body dissatisfaction in 26 countries across 10 world regions: Results of the International Body Project I. Personality and Social Psychology Bulletin 2010; 36(3): 309–325
Sypeck MF, Gray J, Ahrens A: No longer just a pretty face: Fashion magazines' depictions of ideal female beauty from 1959 to 1999. International Journal of Eating Disorders 2004; 36(3): 342–347
Thomsen S, McCoy K, Gustafson R, Williams M: Motivations for reading beauty and fashion magazines and anorexic risk in college-age women. Media Psychology 2002; 4(2): 113–135
Tignol J, Biraben-Gotzamanis L, Martin-Guehl C, Grabot D, Aouizerate B: Body dysmorphic disorder and cosmetic surgery. European Psychiatry 2007; 22(8): 520–524
Tompkins K, Martz D, Rocheleau C, Bazzini D: Social likeability, conformity, and body talk: Does fat talk have a normative rival in female body image conversations? Body Image 2009; 6(4): 292–298
Tucker K, Martz D, Curtin L, Bazzini D: Examining »fat talk« experimentally in a female dyad. Body Image 2007; 4(2): 157–164

Van den Berg P, Mond J, Eisenberg M, Ackard D, Neumark-Sztainer D: The link between body dissatisfaction and self-esteem in adolescents. Journal of Adolescent Health 2010; 47(3): 290–296

Van den Berg P, Paxton S, Keery H, Wall M, Guo J, Neumark-Sztainer D: Body dissatisfaction and body comparison with media images in males and females. Body Image 2007; 4(3): 257–268

Vartanian L, Hopkinson M: Social connectedness, conformity, and internalization of societal standards of attractiveness. Body Image 2010; 7(1): 86–89

Veale D, Neziroglu F: Body dysmorphic disorder: A treatment manual. Hoboken: Wiley 2010

Veale D, Willson R, Clarke A: Overcoming body image problems. New York: Basic Books 2009

Wasylkiw L, Emms A, Meuse R, Poirier KF: Are all models created equal? A content analysis of women in advertisements of fitness versus fashion magazines. Body Image 2009; 6(2): 137–140

Wilhelm S: Feeling good about the way you look: A program for overcoming body image problems. New York: Guilford 2006

Wilken B: Methoden der kognitiven Umstrukturierung. Stuttgart: Kohlhammer 2010

Wolke D, Sapouna M: Big men feeling small. Psychology of Sport and Exercise 2008; 9(5): 595–604

Adressen und Informationen

Körperbildprobleme und körperdysmorphe Störungen

Bei Körperbildproblemen und bei körperdysmorphen Störungen können Sie sich allgemein an psychotherapeutische und/oder psychosomatische Ambulanzen an Universitäten beziehungsweise Universitätskliniken wenden (s. Gelbe Seiten oder Internet). Sie werden dort näher beraten, ggf. gibt es auch spezielle Behandlungsangebote (s. u.), oder Ihnen werden qualifizierte Therapieoptionen genannt. Körperdysmorphe Störungen werden fast überall (mit) behandelt, wo es Behandlungsangebote bei Essstörungen gibt.

Beispiel für ein spezielles Behandlungsangebot bei Körperbildproblemen

Universität Mainz, Poliklinische Institutambulanz Mainz; Angebot: ambulante Körperbildgruppe; Kontakt: Johannes-Gutenberg-Universität Mainz, Poliklinische Institutsambulanz für Psychotherapie, Wallstraße 3, 55122 Mainz, Tel.: 0 61 31/3 93 91 00,
E-Mail: ambulanz.psychotherapie@uni-mainz.de
Internet: www.psychotherapie-mainz.de

Vermittlung von fachlich spezialisierten Psychotherapeuten

Wenn Sie einen Psychotherapeuten suchen, der auf die Beratung und Behandlung bei Körperbildstörungen und körperdysmorphen Störungen spezialisiert ist, erhalten Sie bei diesen Stellen Auskunft:

- Psychotherapie-Informations-Dienst (PID), Tel.: 0 30/2 09 16 63 30,
  E-Mail: pid@dpa-bdp.de
  Internet: www.psychotherapiesuche.de
- Bundespsychotherapeutenkammer (BPTK), Klosterstraße 64, 10179 Berlin, Tel.: 0 30/2 78 78 50, E-Mail: info@bptk.de
  Internet: www.bptk.de

- Deutsche Psychotherapeutenvereinigung (DPTV)
  Internet: www.psychotherapeuten-liste.de
- Weitere Auskunftsdienste im Internet:
  www.therapie.de
  www.palverlag.de
  www.psychotherapeutensuche.de
  www.psych-info.de
  www.netzwerk-psychotherapie.de
  www.therapeutenfinder.com

Auskünfte geben außerdem: Psychotherapeutenkammern der Bundesländer, kassenärztliche Vereinigungen, Krankenkassen und Fachverbände von Psychologen und Psychotherapeuten (s. Gelbe Seiten, Internet).

Selbsthilfegruppen

Bislang gibt es keine Selbsthilfegruppen. Dennoch kann eine Suche bei KISS (s. Gelbe Seiten, Telefonbuch, Internet) in verschiedenen Städten und Regionen und auf folgenden Internetseite möglicherweise weiterhelfen:
www.nakos.de
www.selbsthilfe-forum.de
Diese Seiten und Institutionen vermitteln außerdem Informationen, wie eine Selbsthilfegruppe gegründet werden kann. Austauschmöglichkeiten für Betroffene (körperdysmorphe Störung) werden über Internetforen angeboten, zum Beispiel auf der Seite: www.dysmorphophobie.de

Internetseiten und -foren (Auswahl)

www.koerperdysmorphestoerung.de
www.dysmorphophobie.de
www.thebutterflyfoundation.org.au
www.campaignforrealbeauty.com

Institutionen, die sich mit Körperbildstörungen und körperdysmorphen Störungen wissenschaftlich befassen (Auswahl)

- Universität Freiburg, Psychologisches Institut
- Universität Bielefeld
- Universität Osnabrück
- Humboldt-Universität Berlin